MW01206425

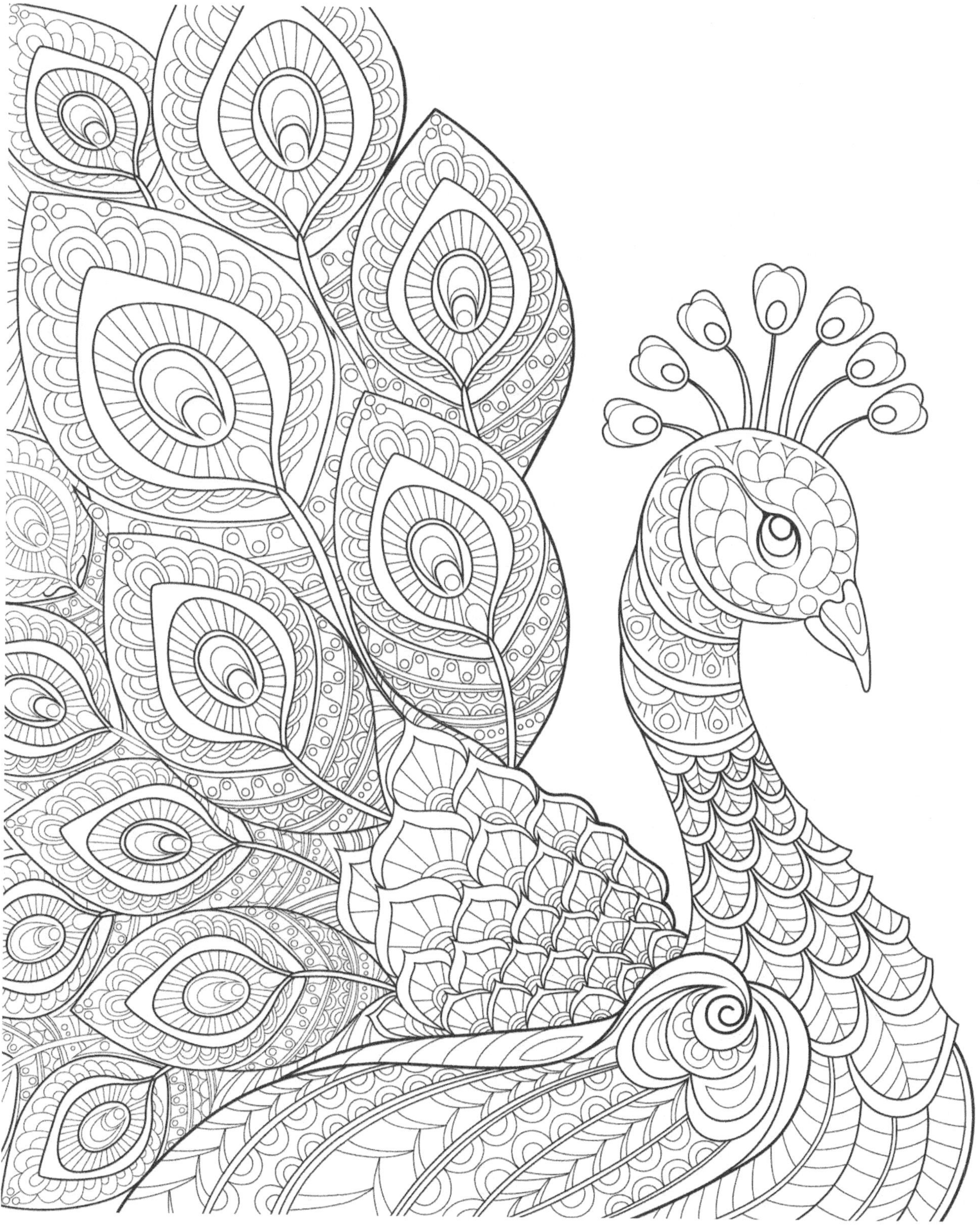

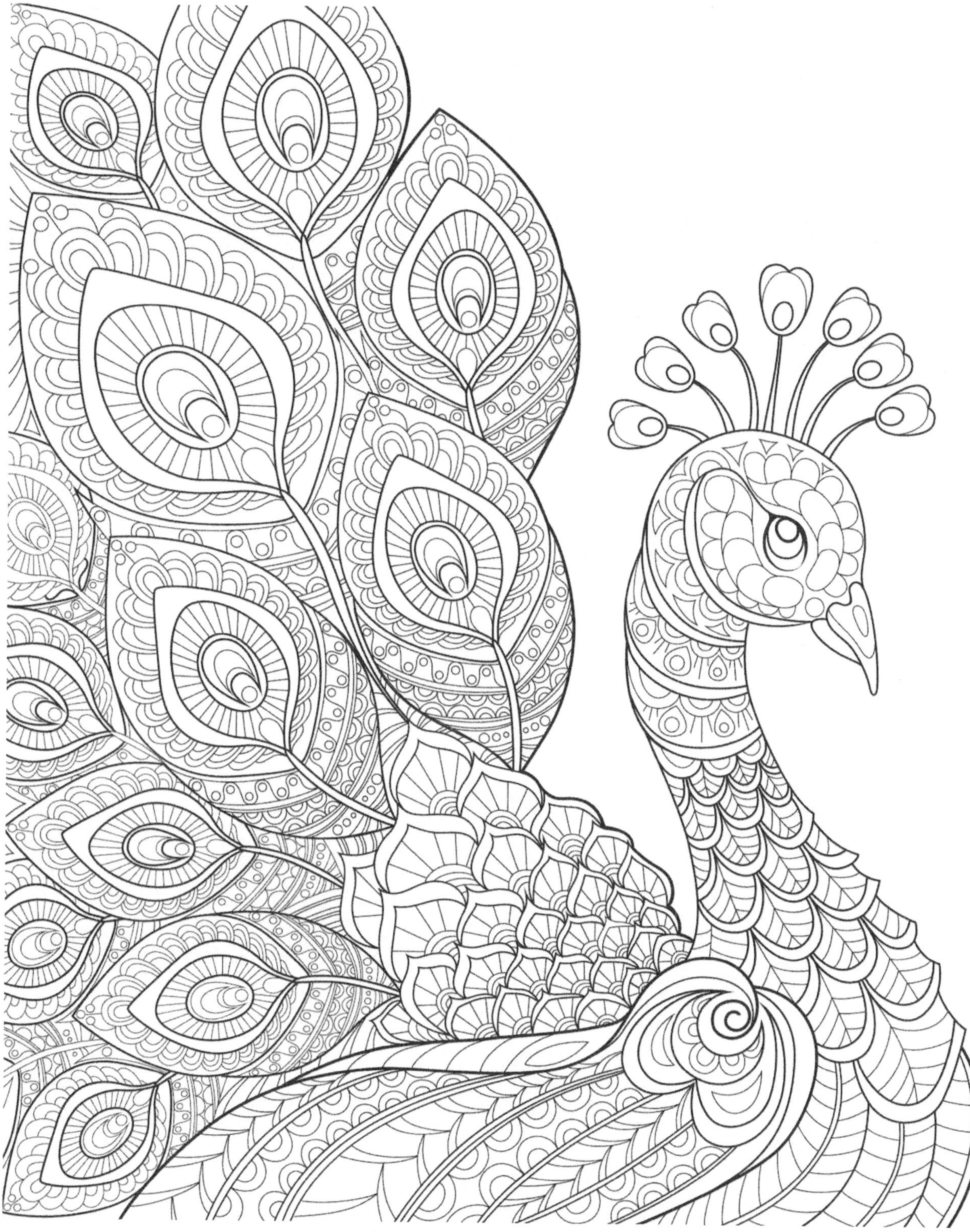

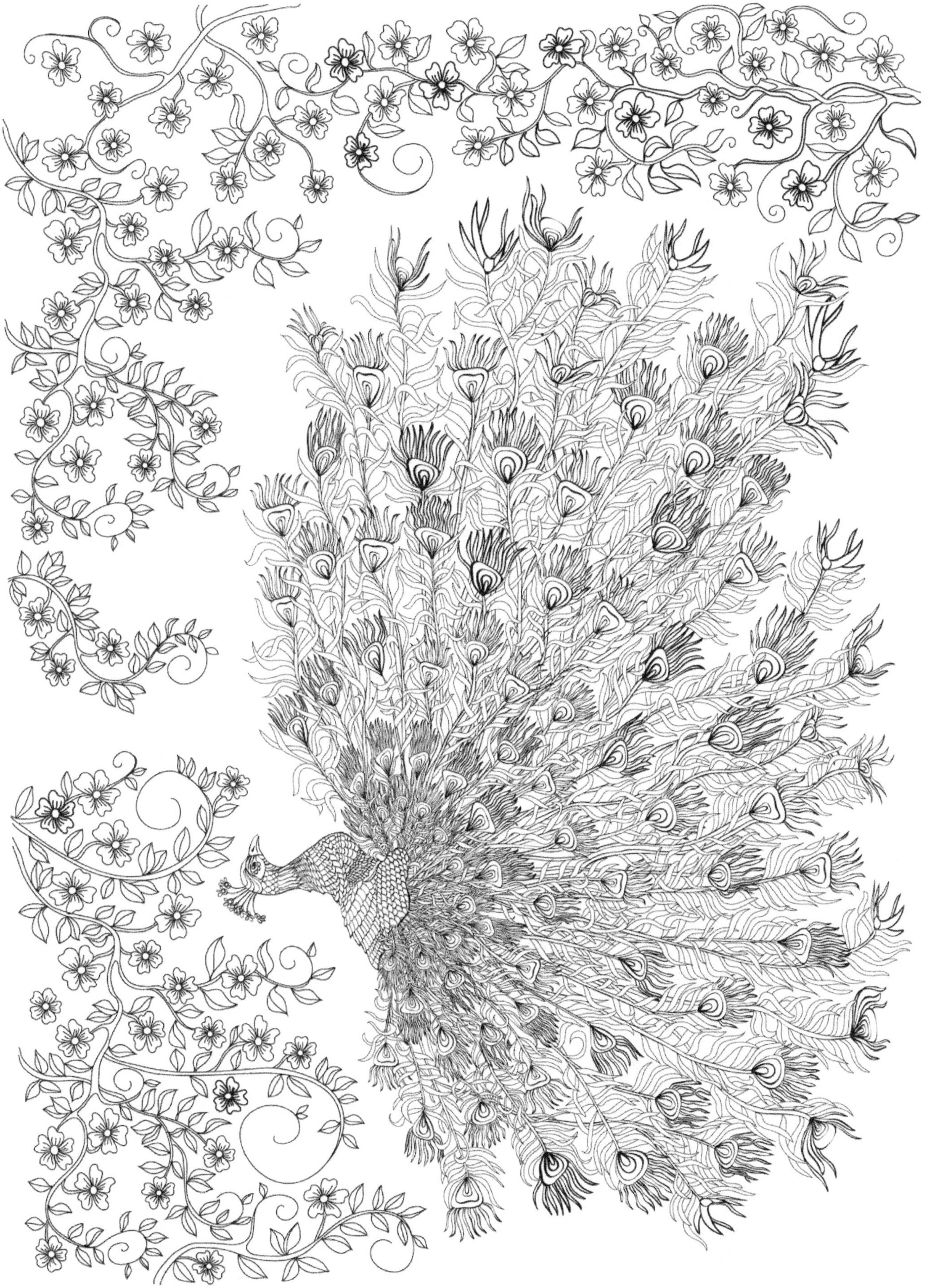

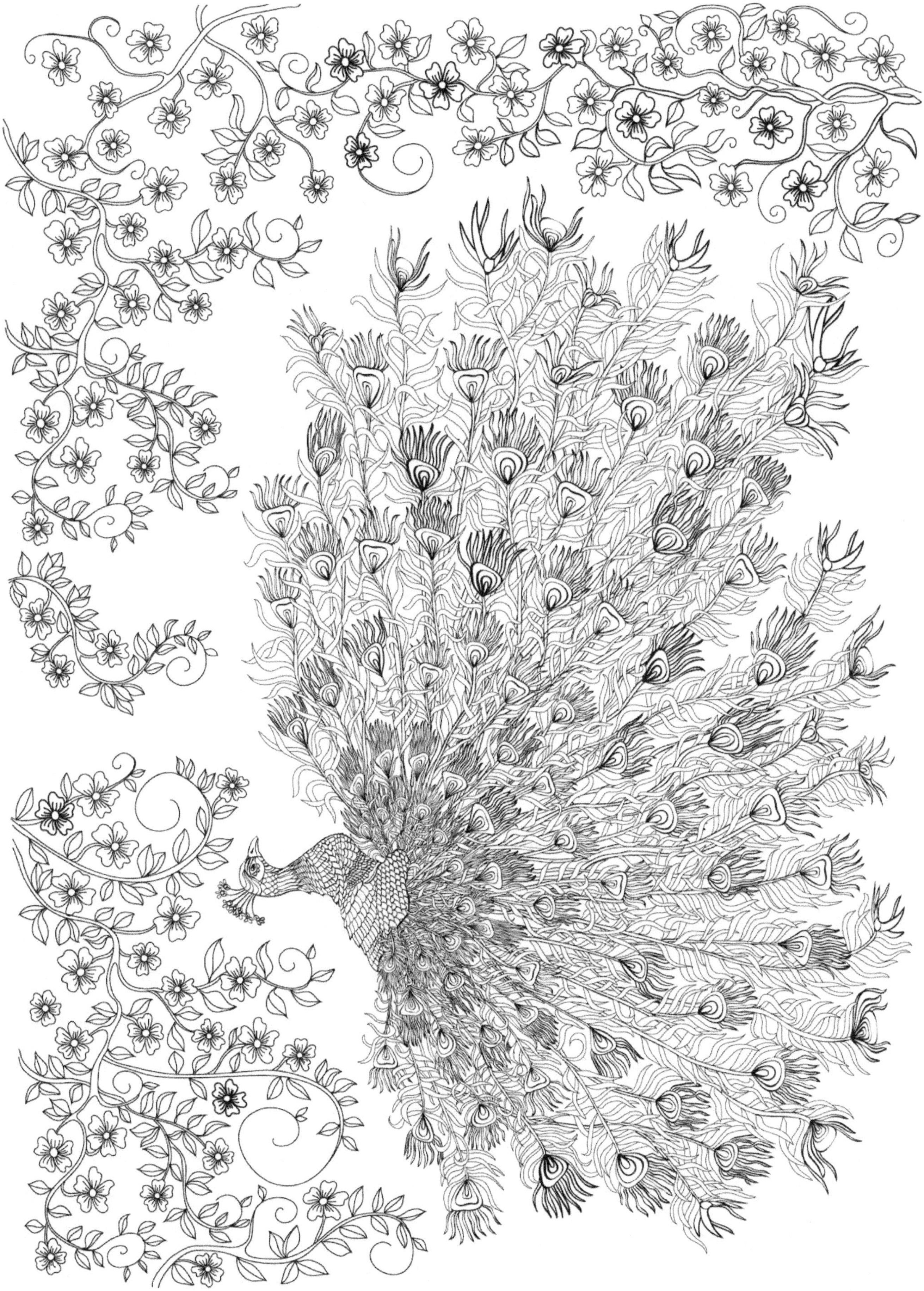

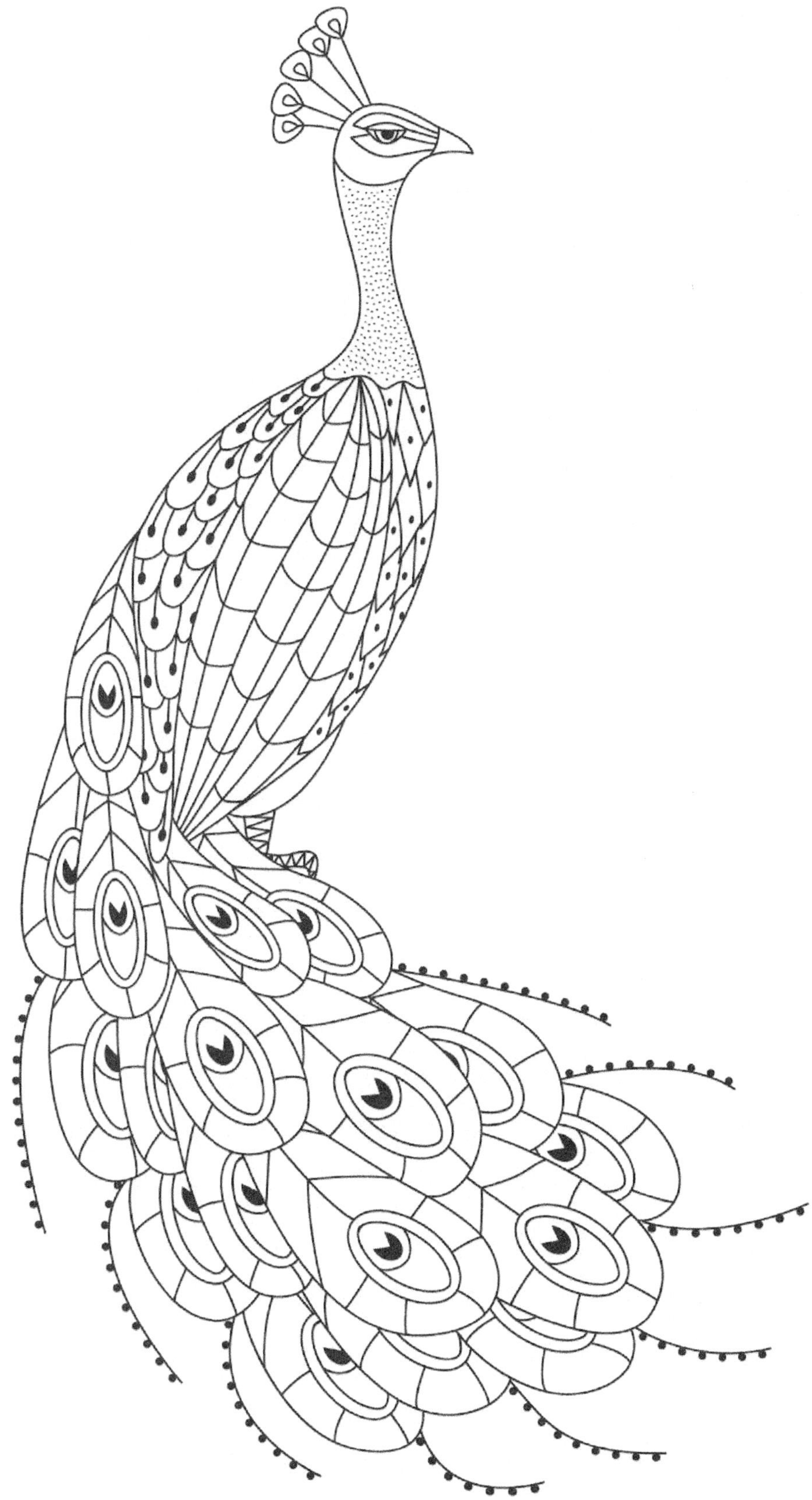

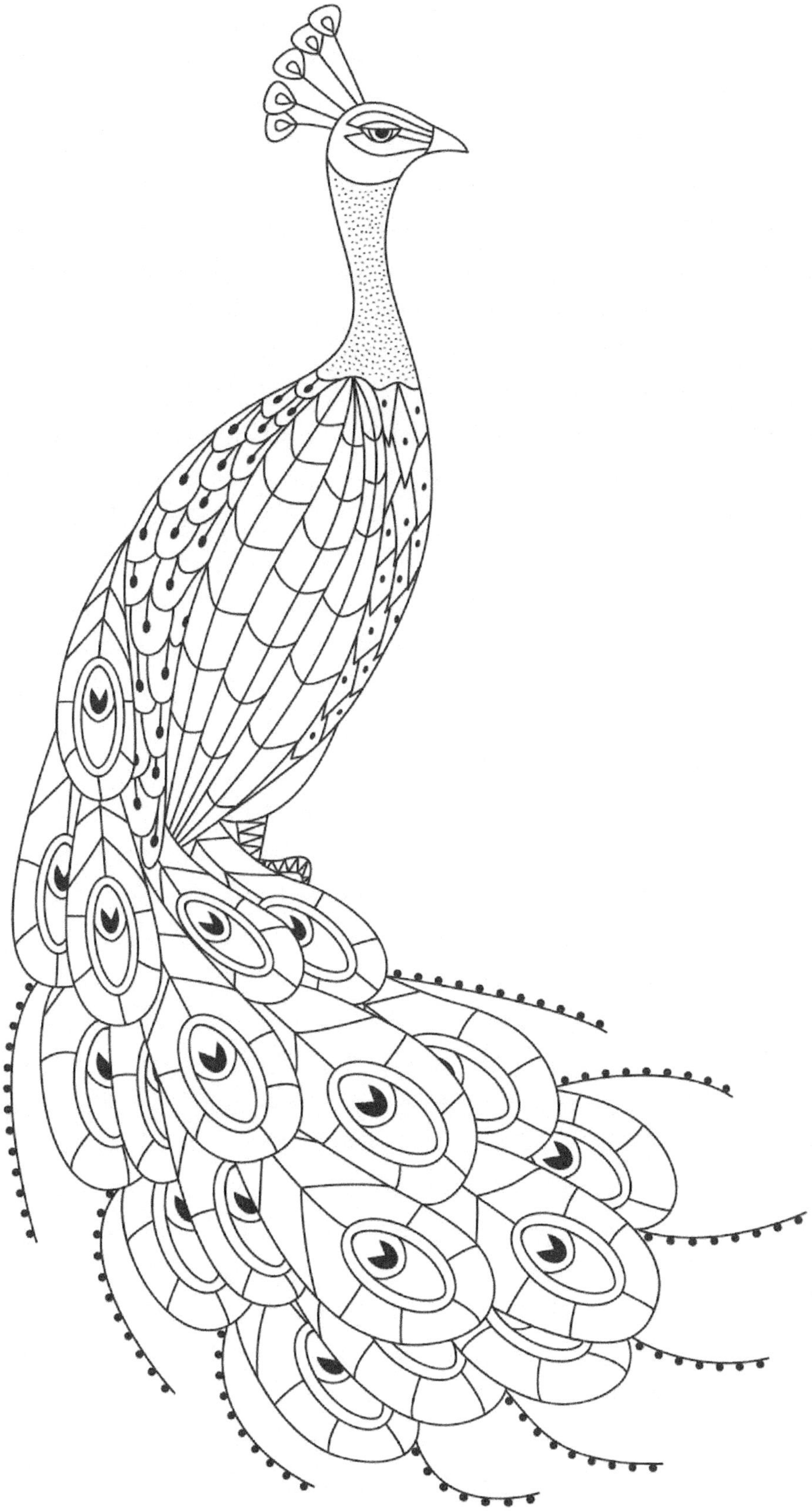

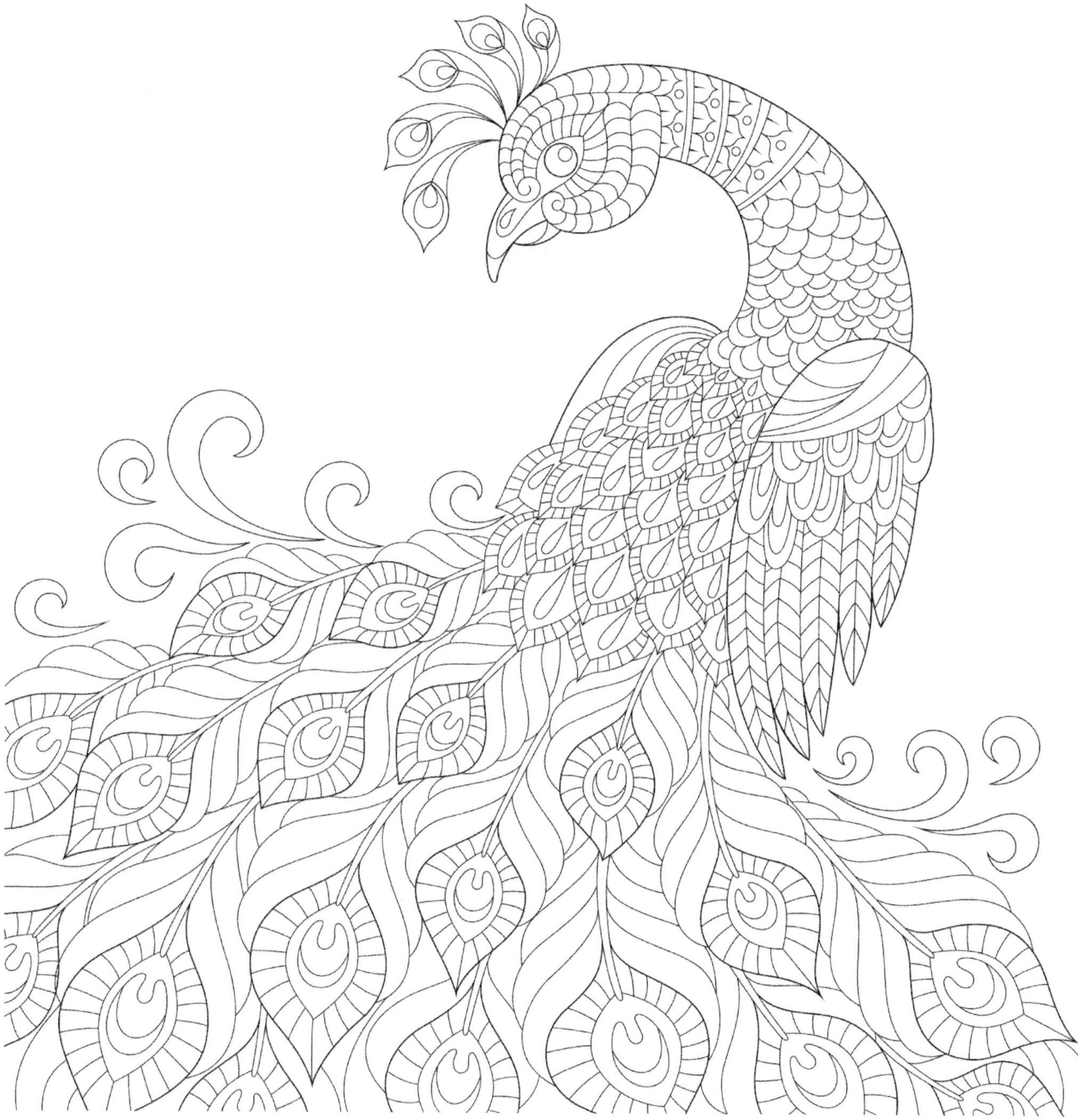

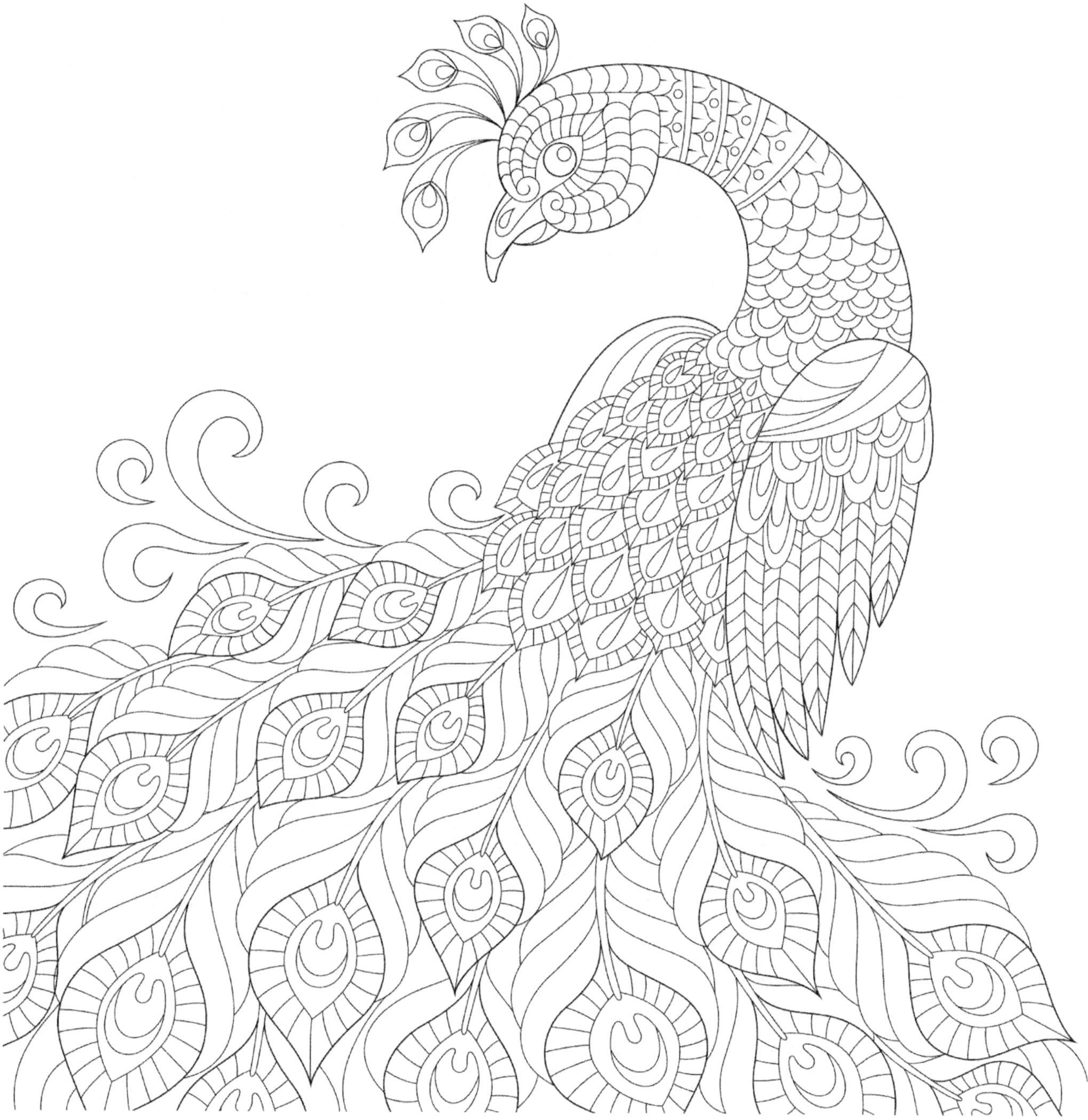

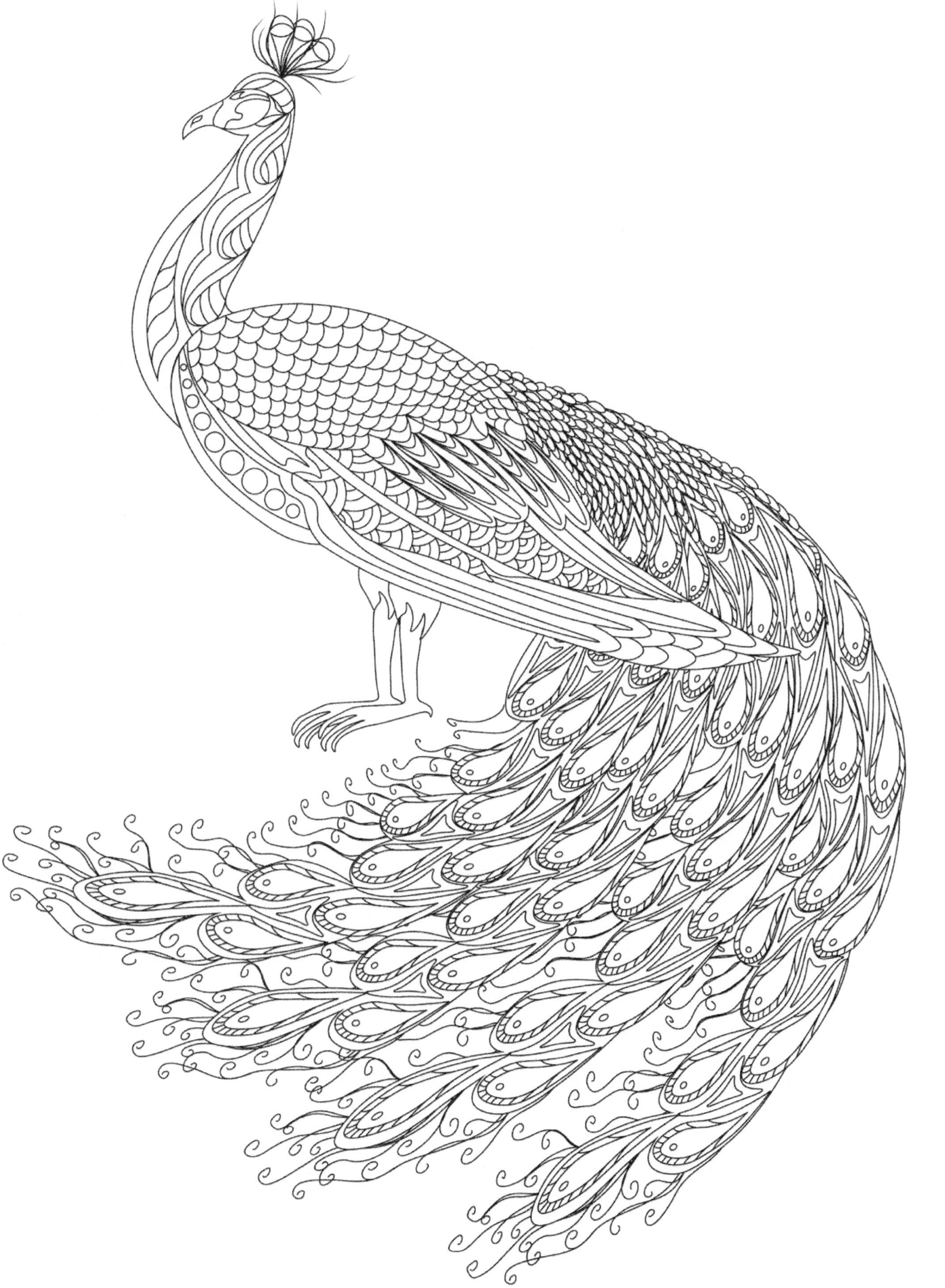

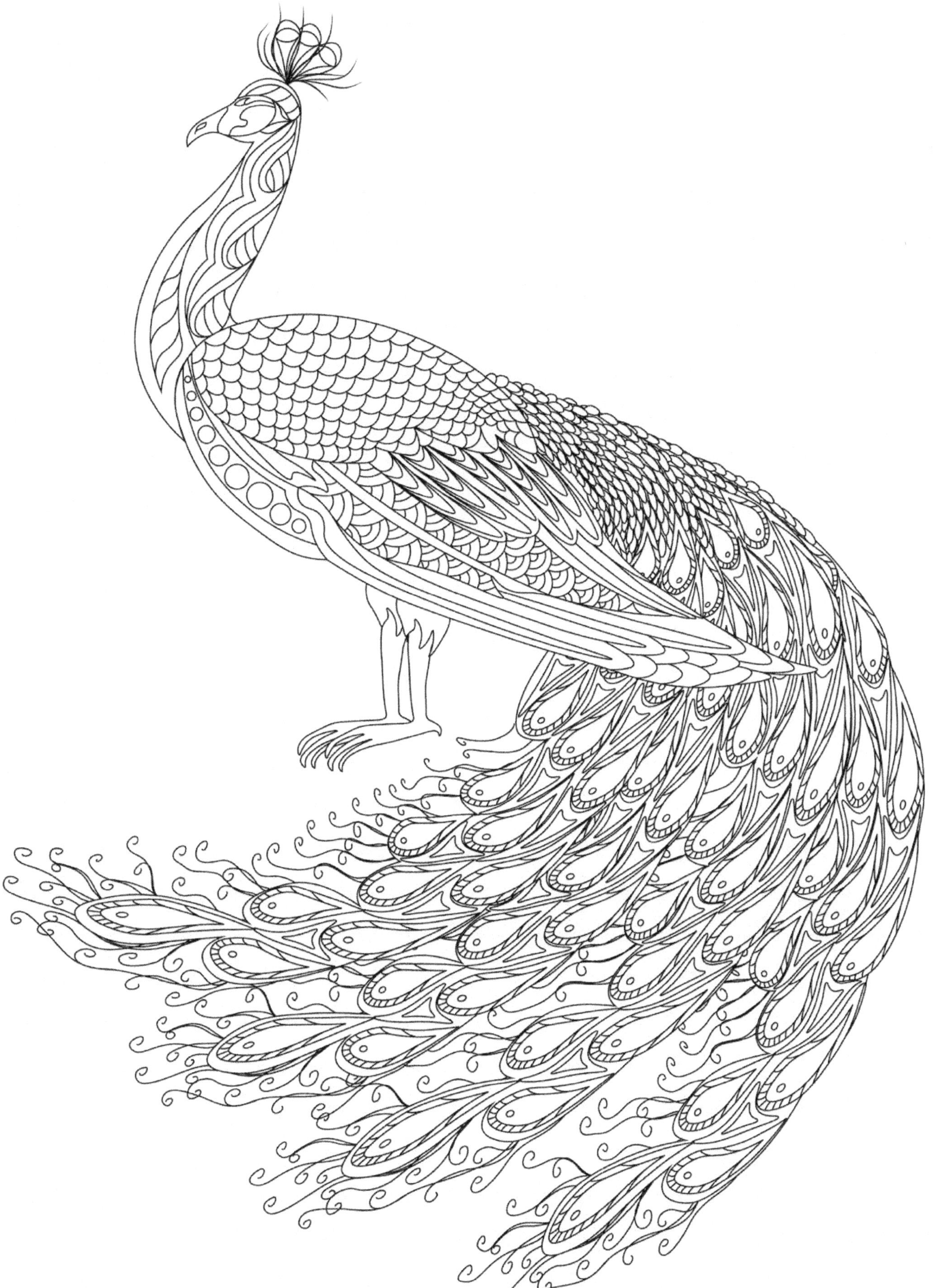

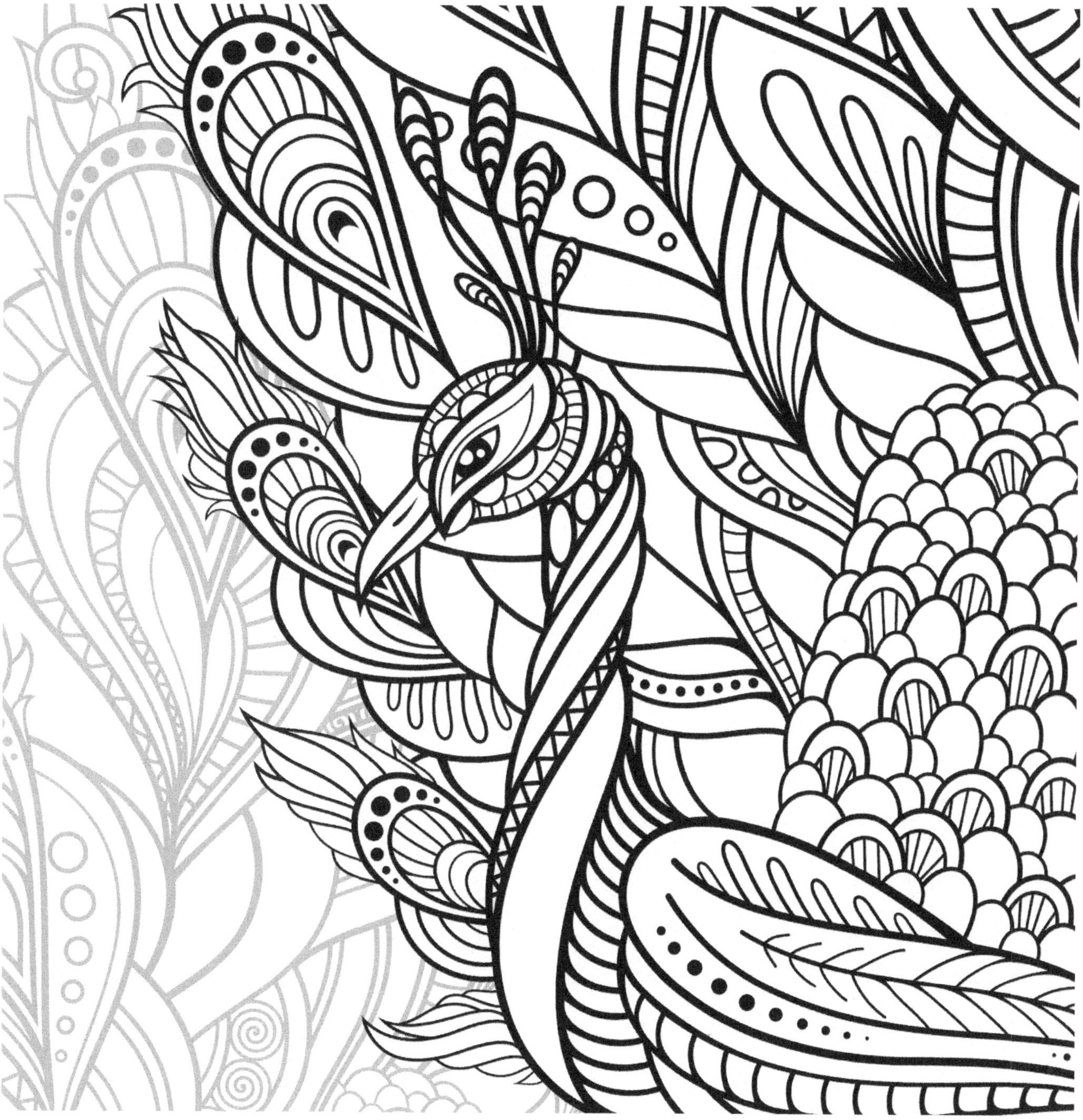

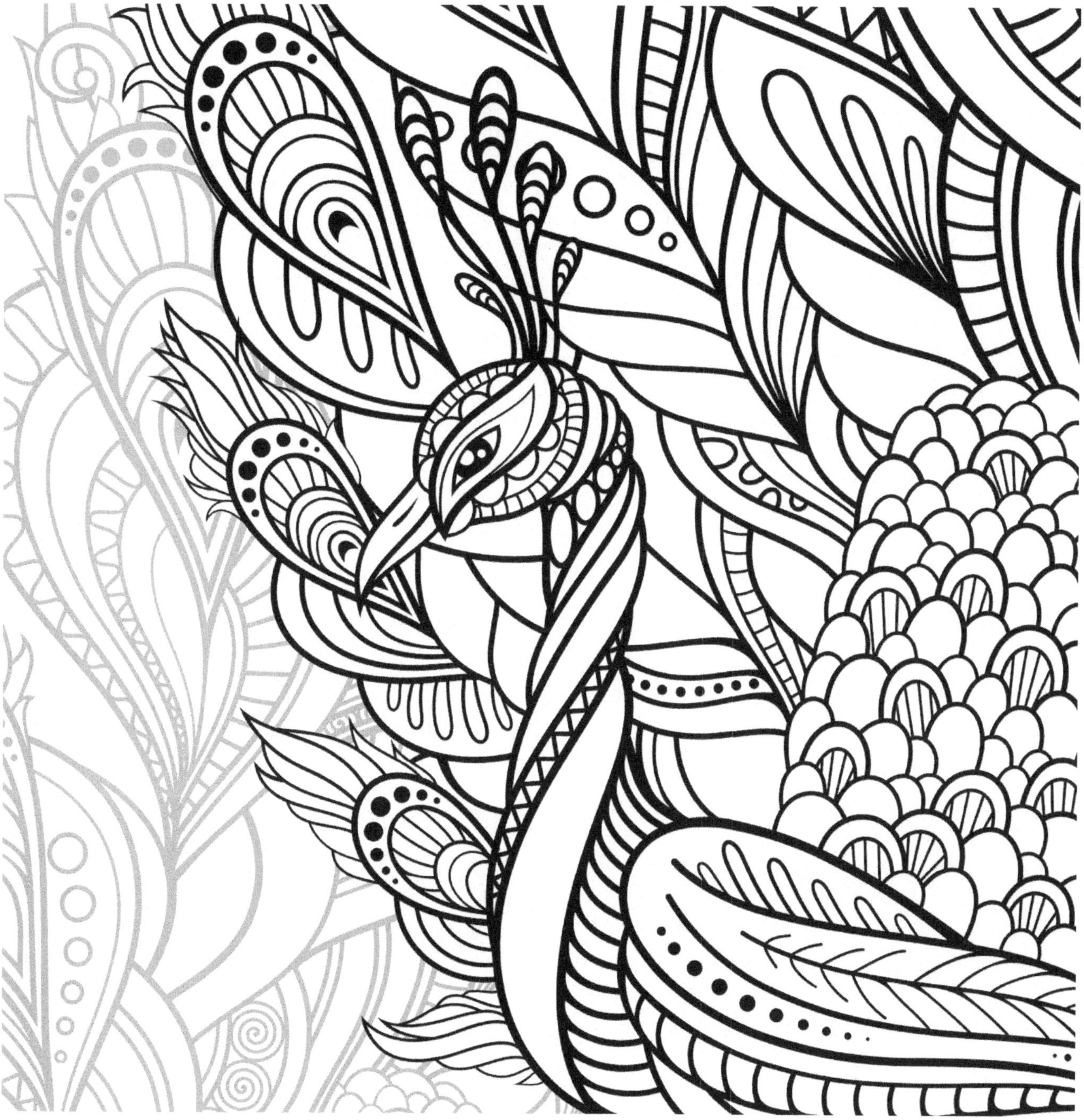

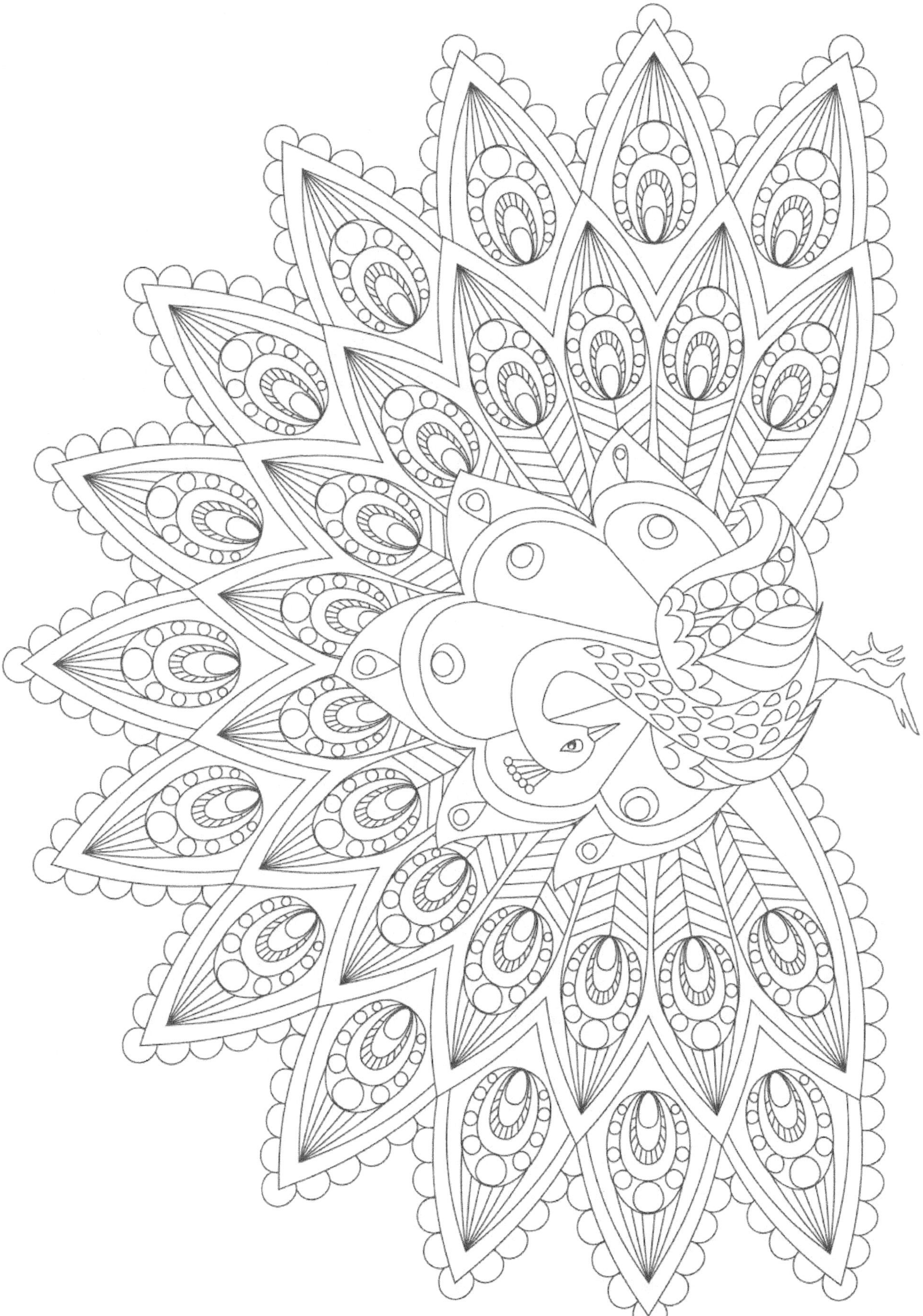

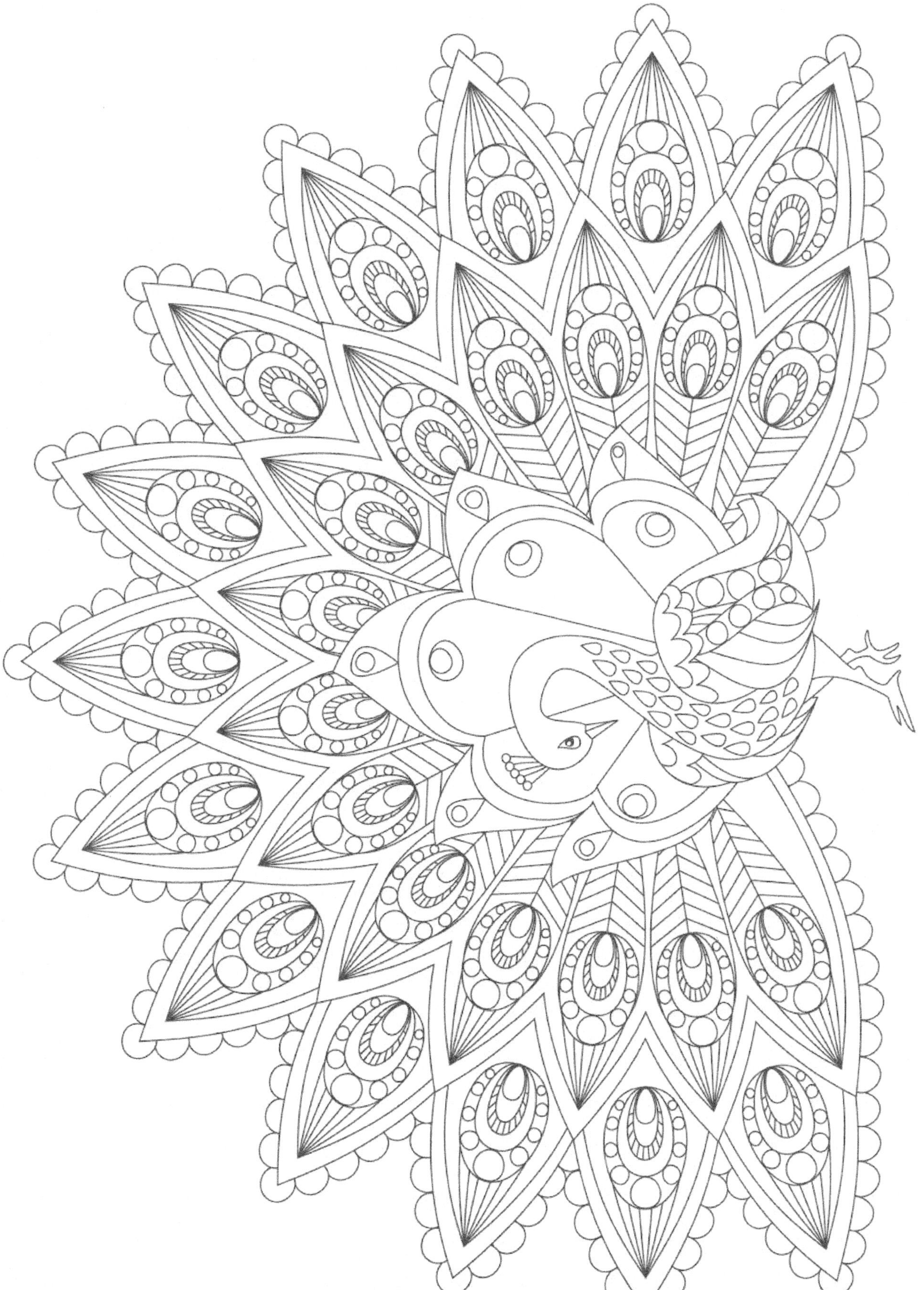

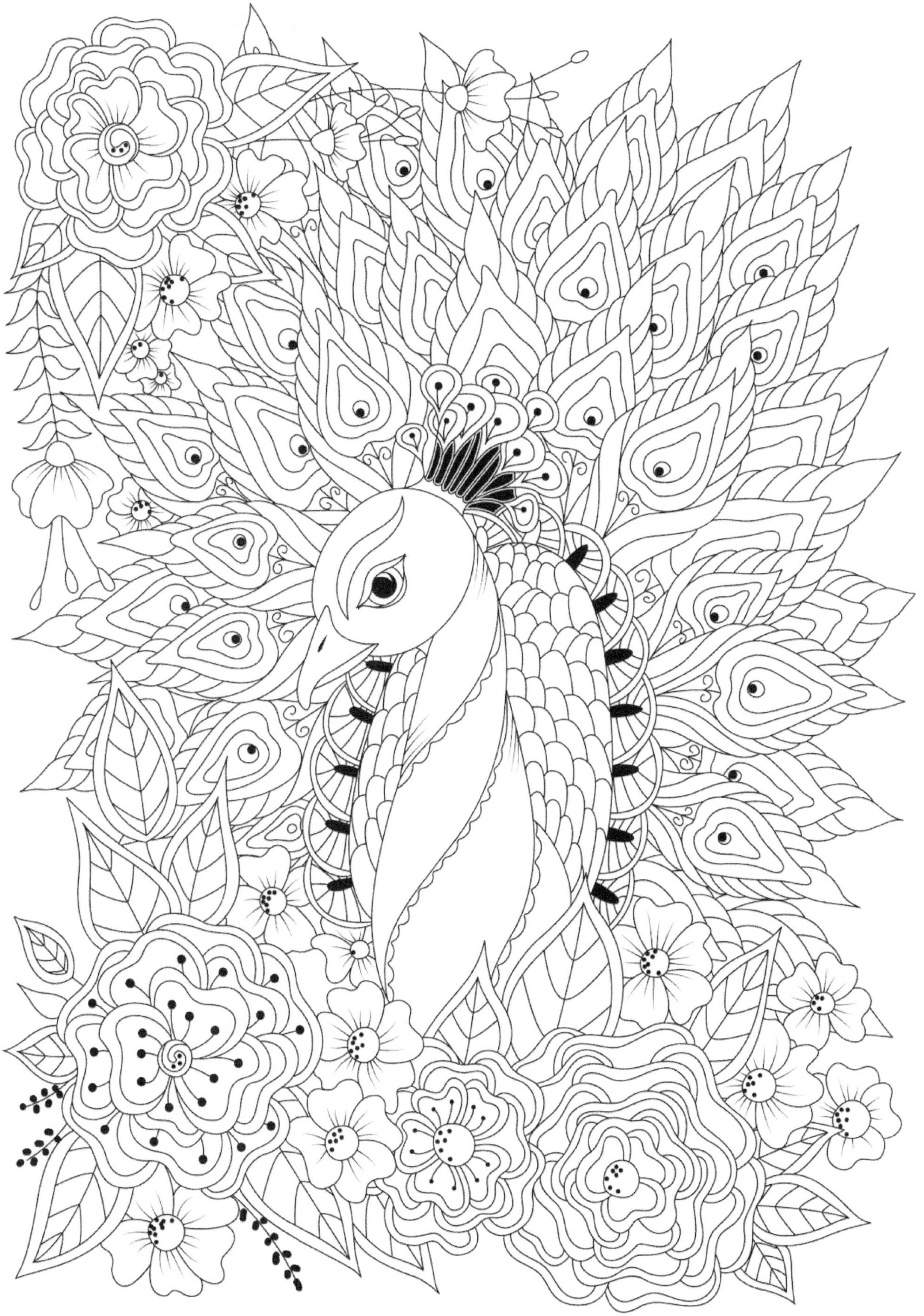

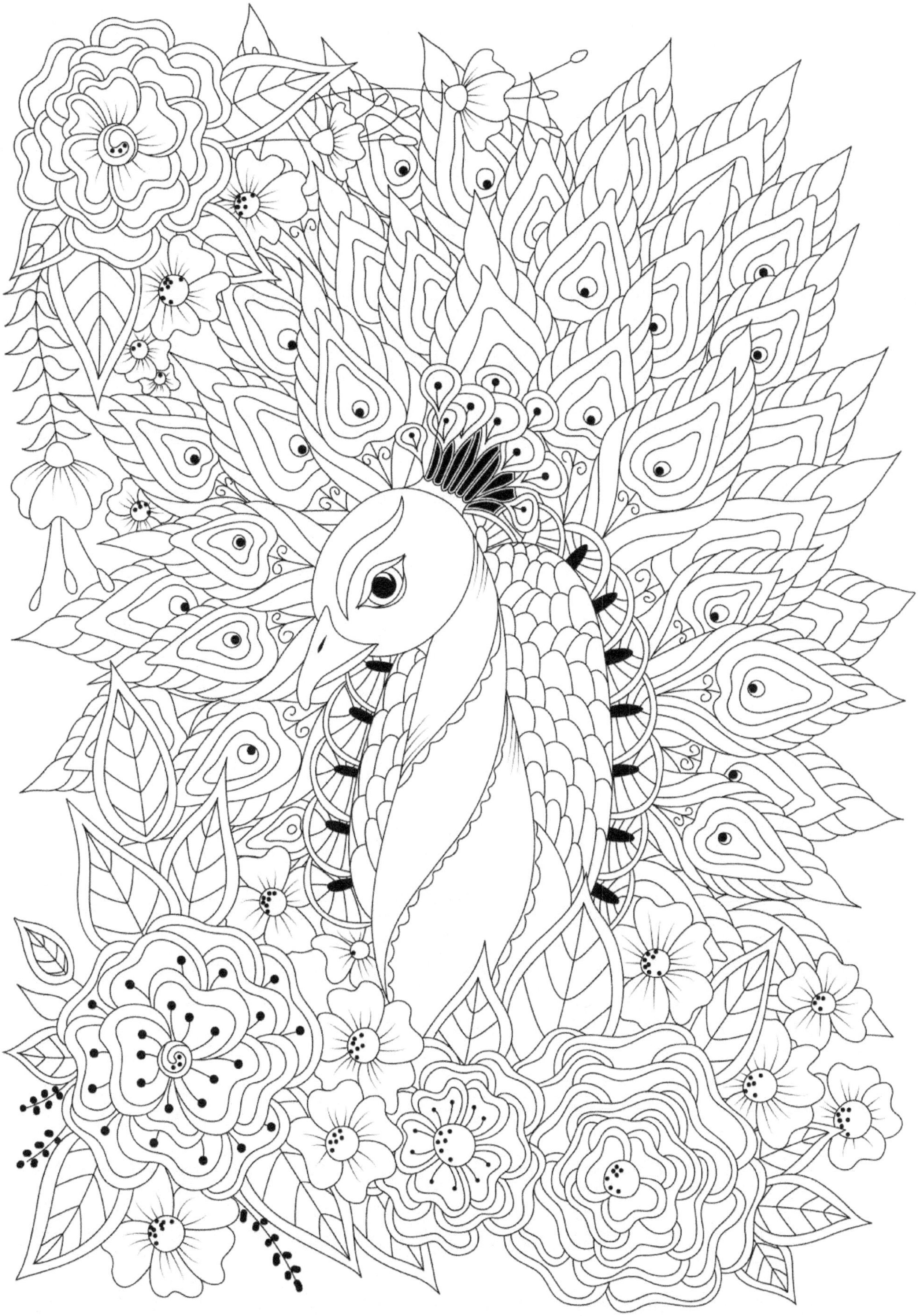

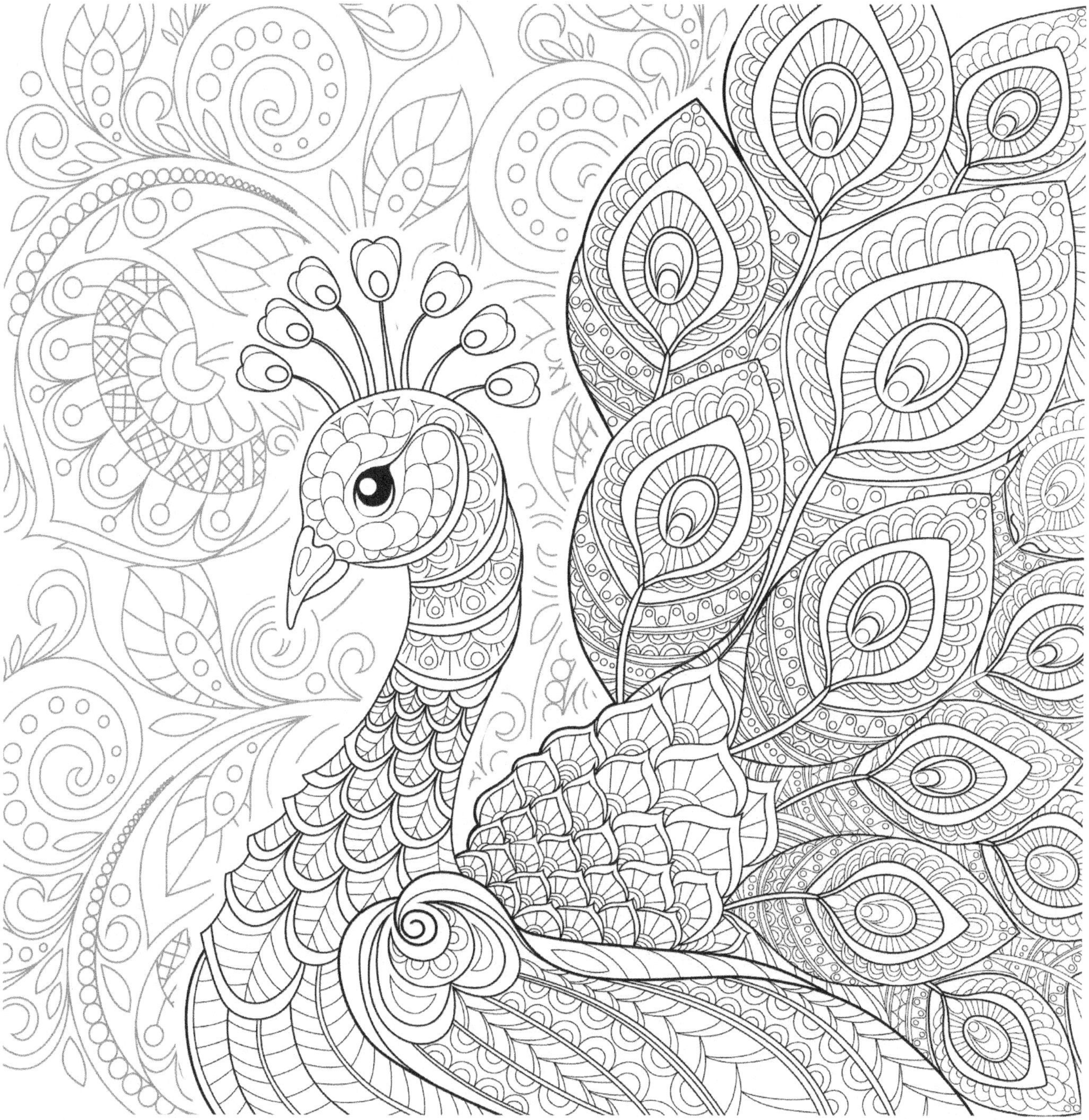

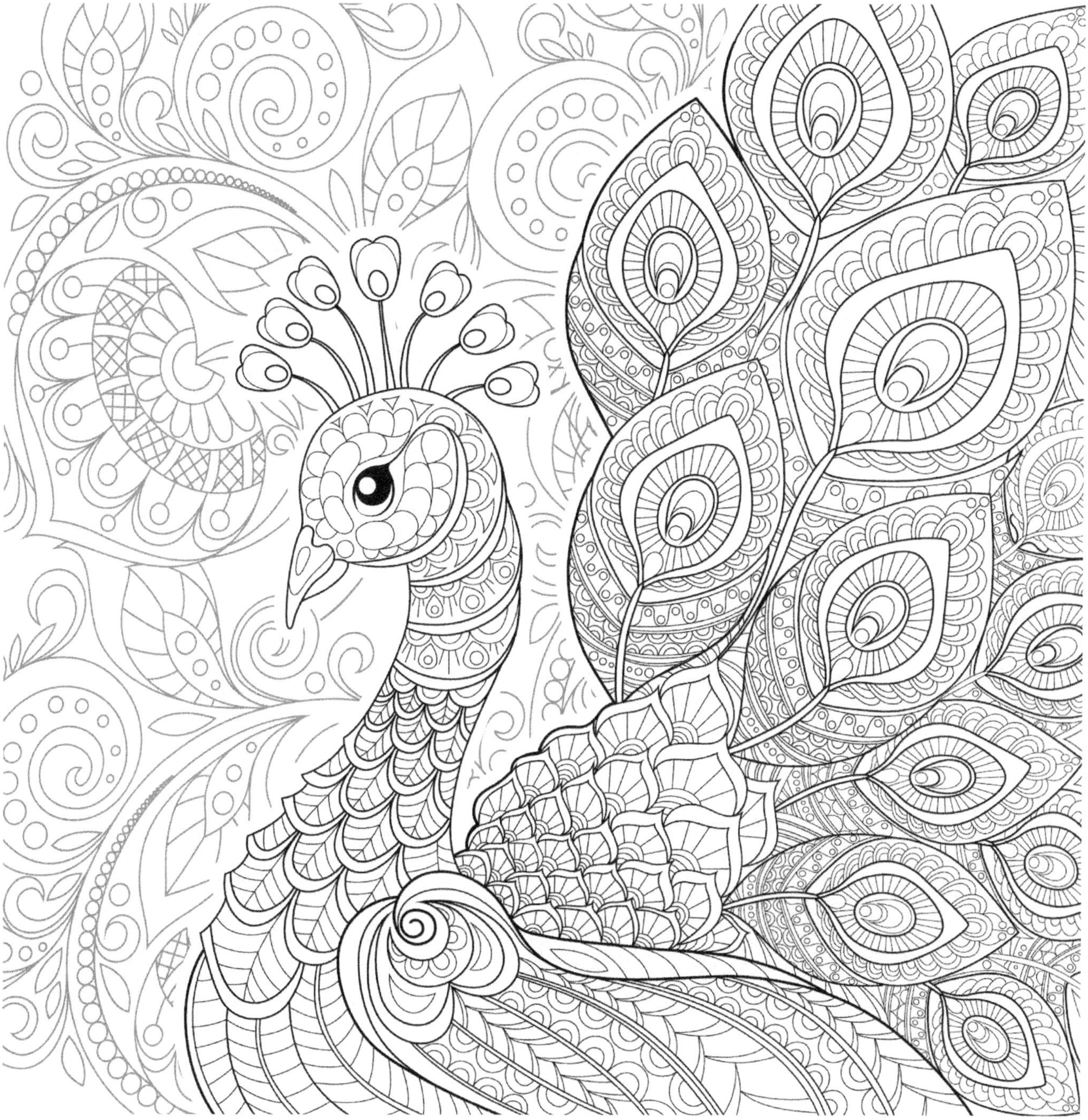

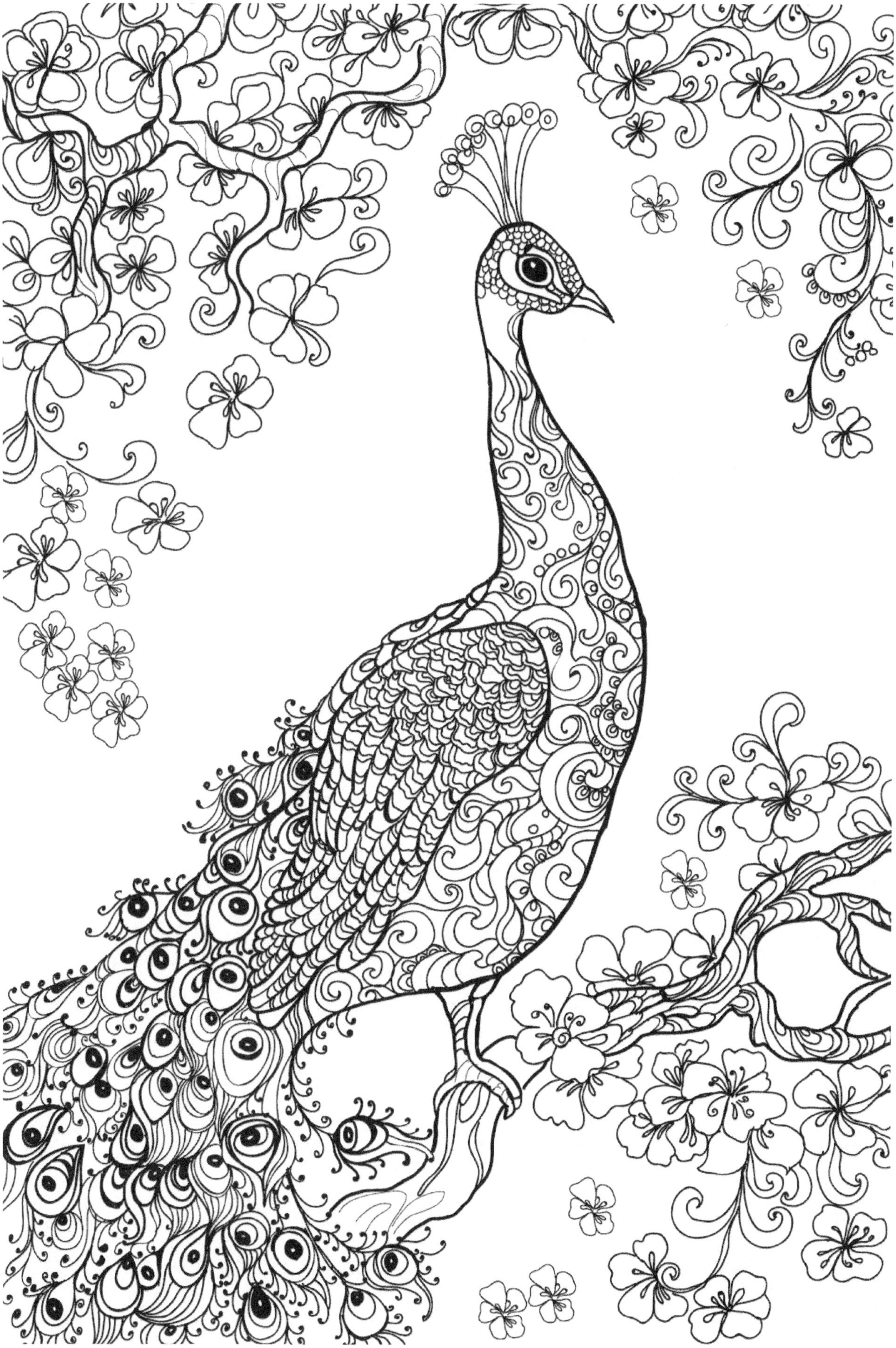

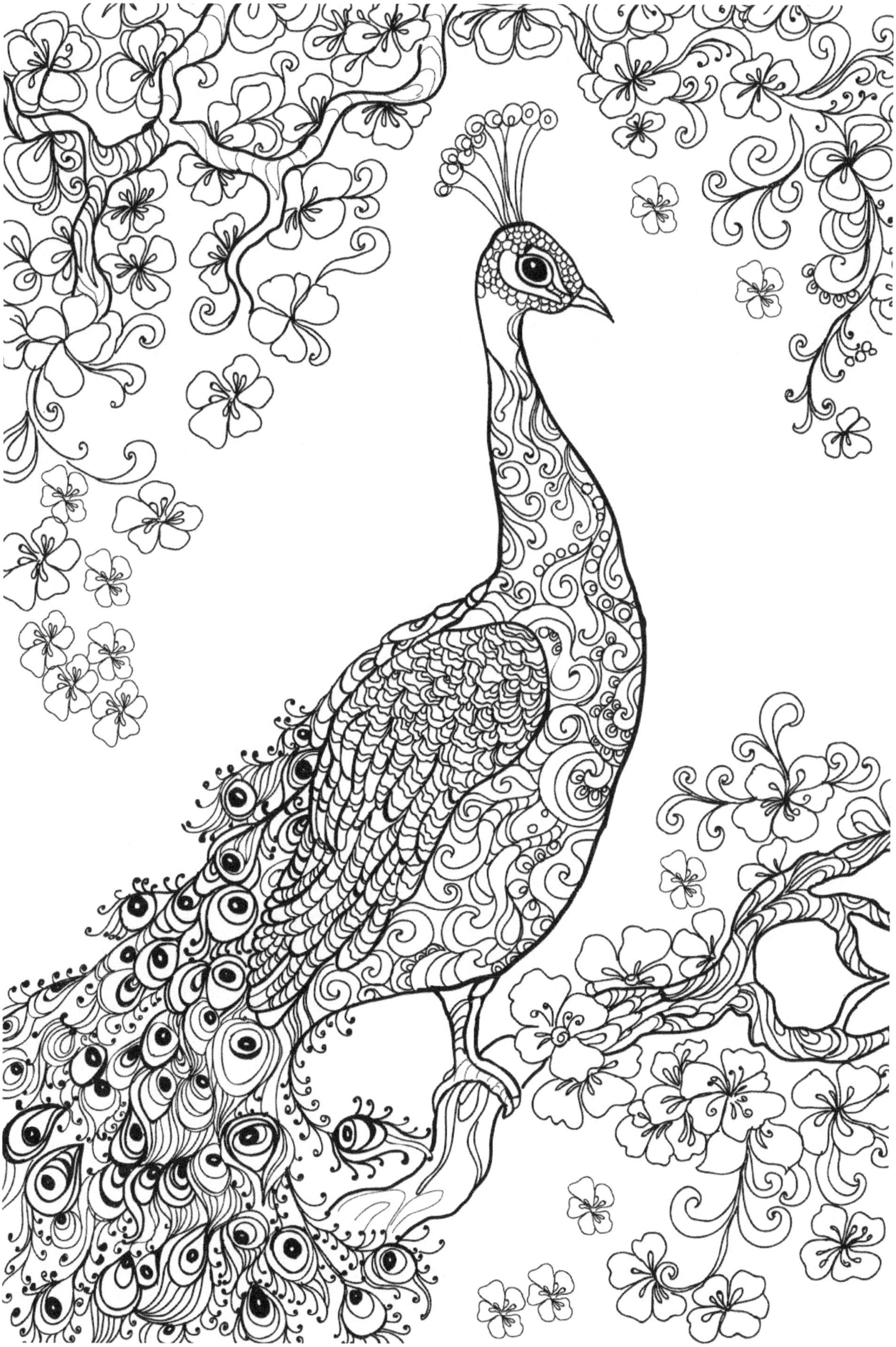

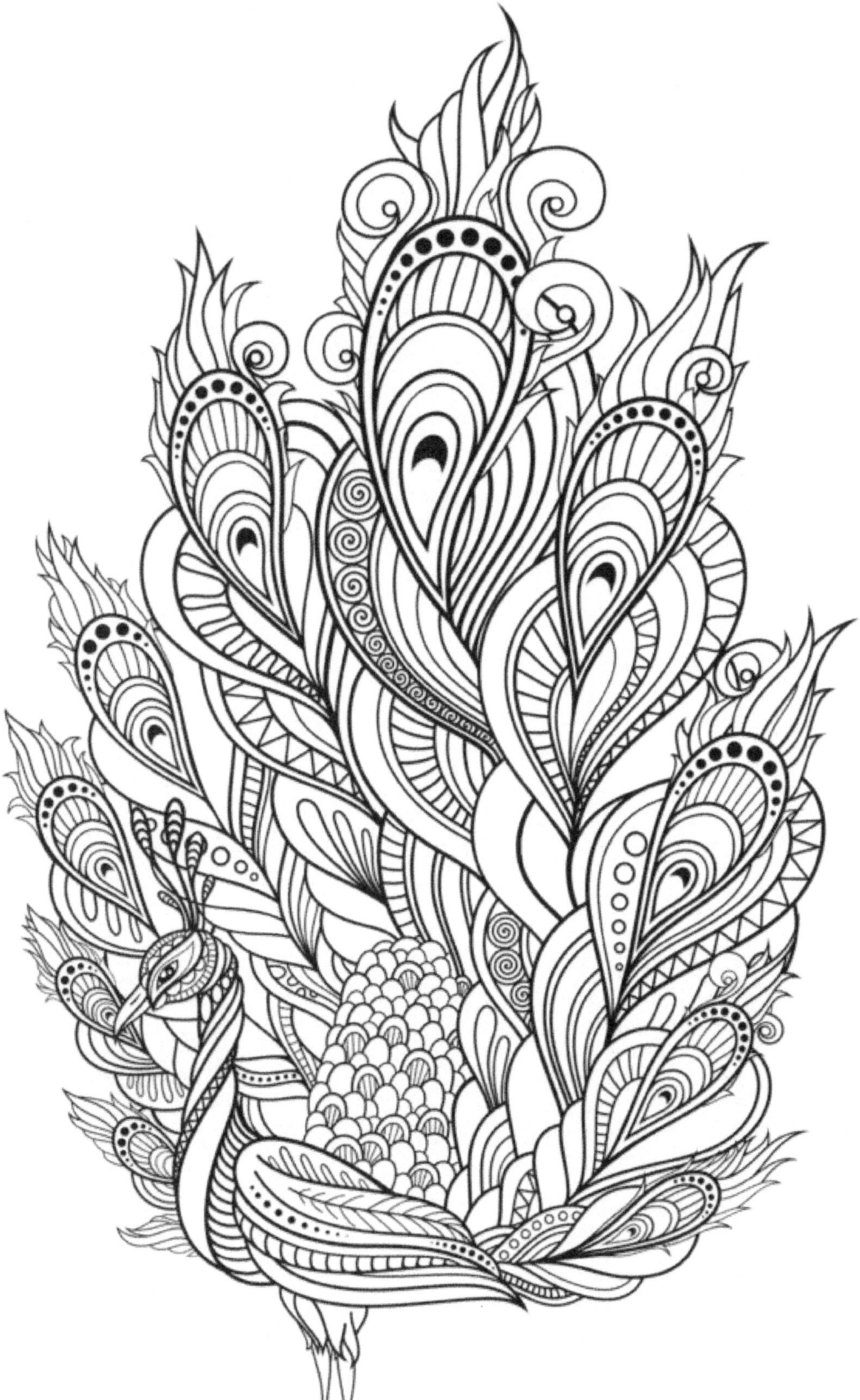

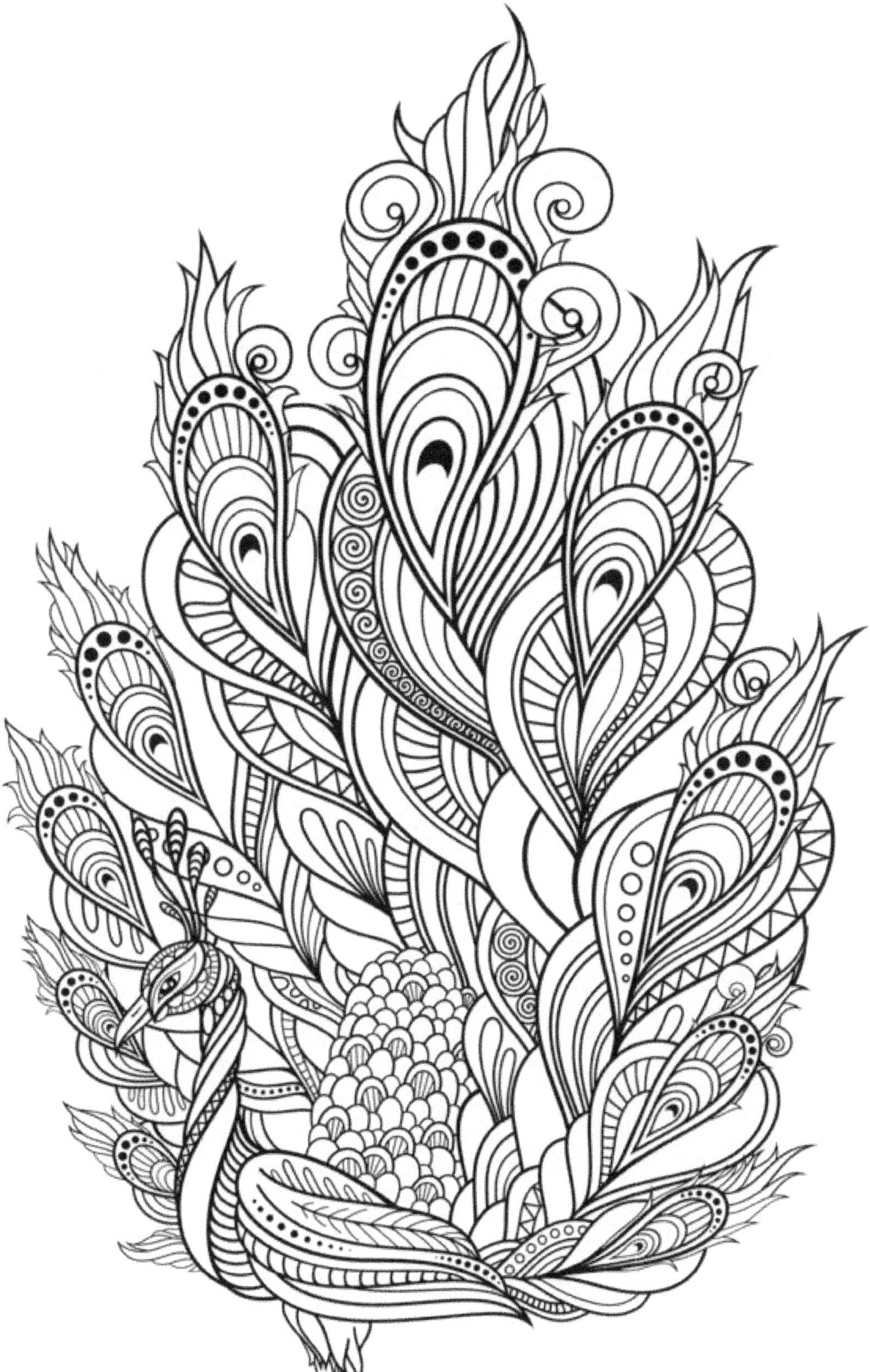

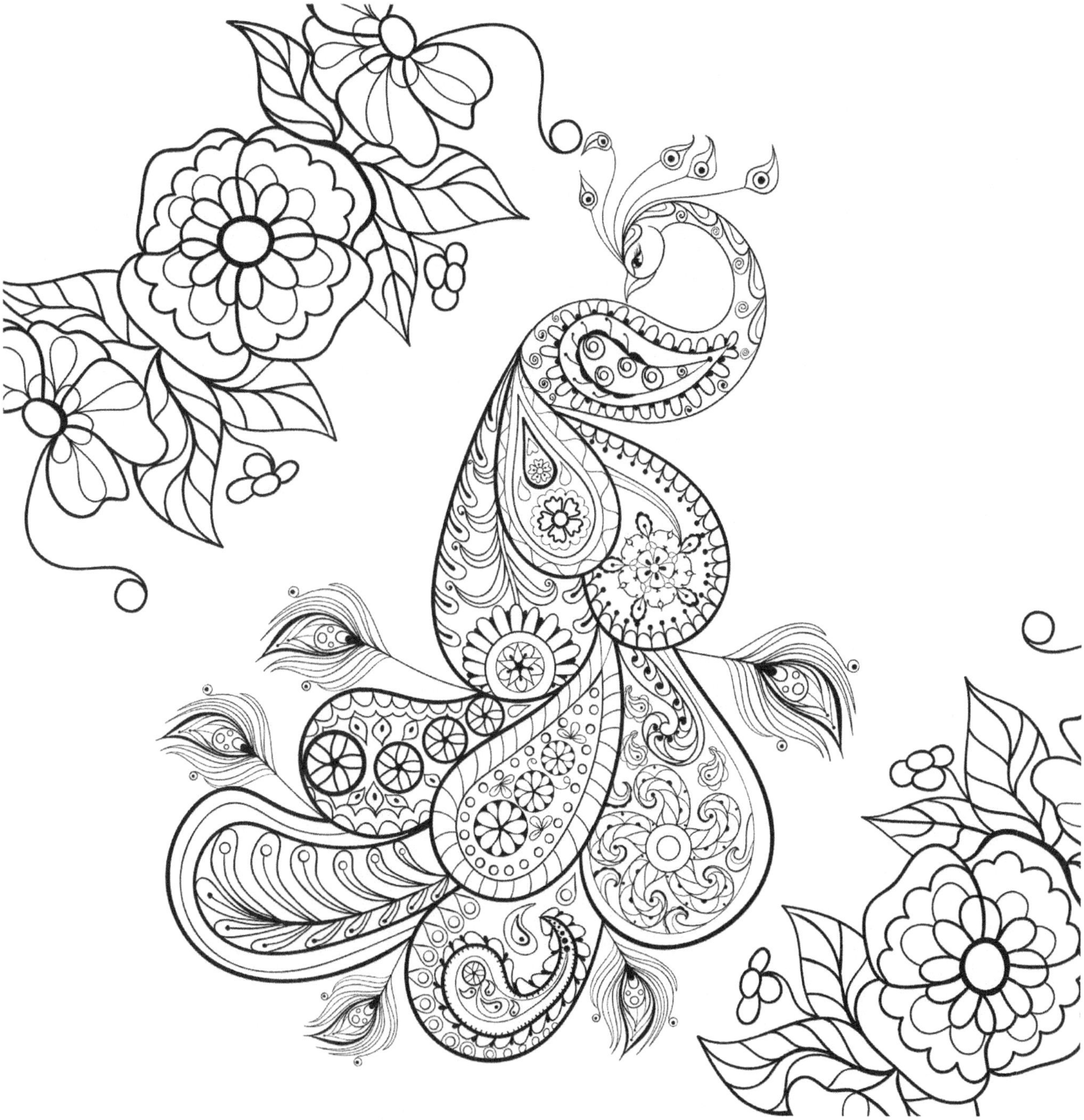

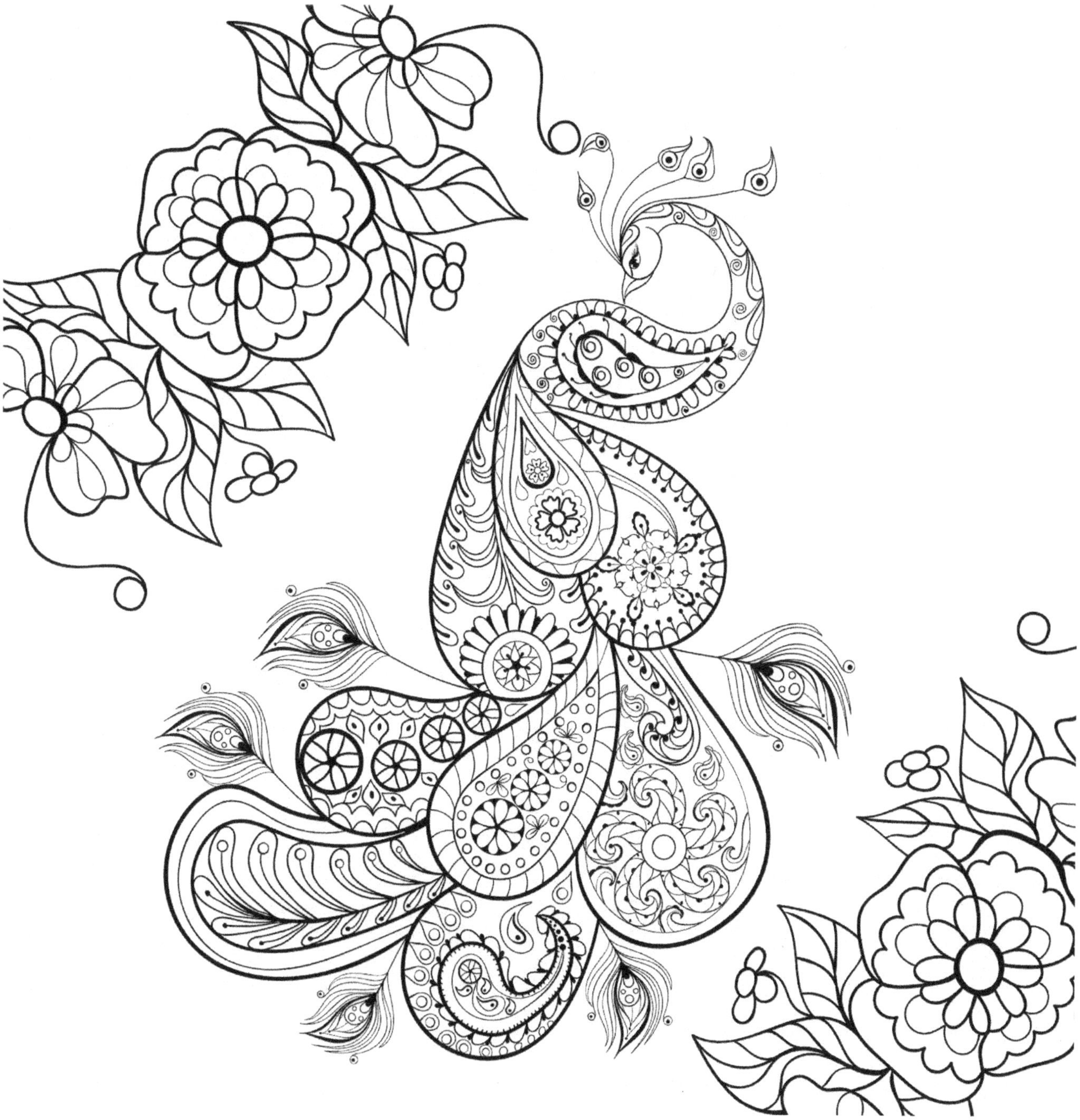

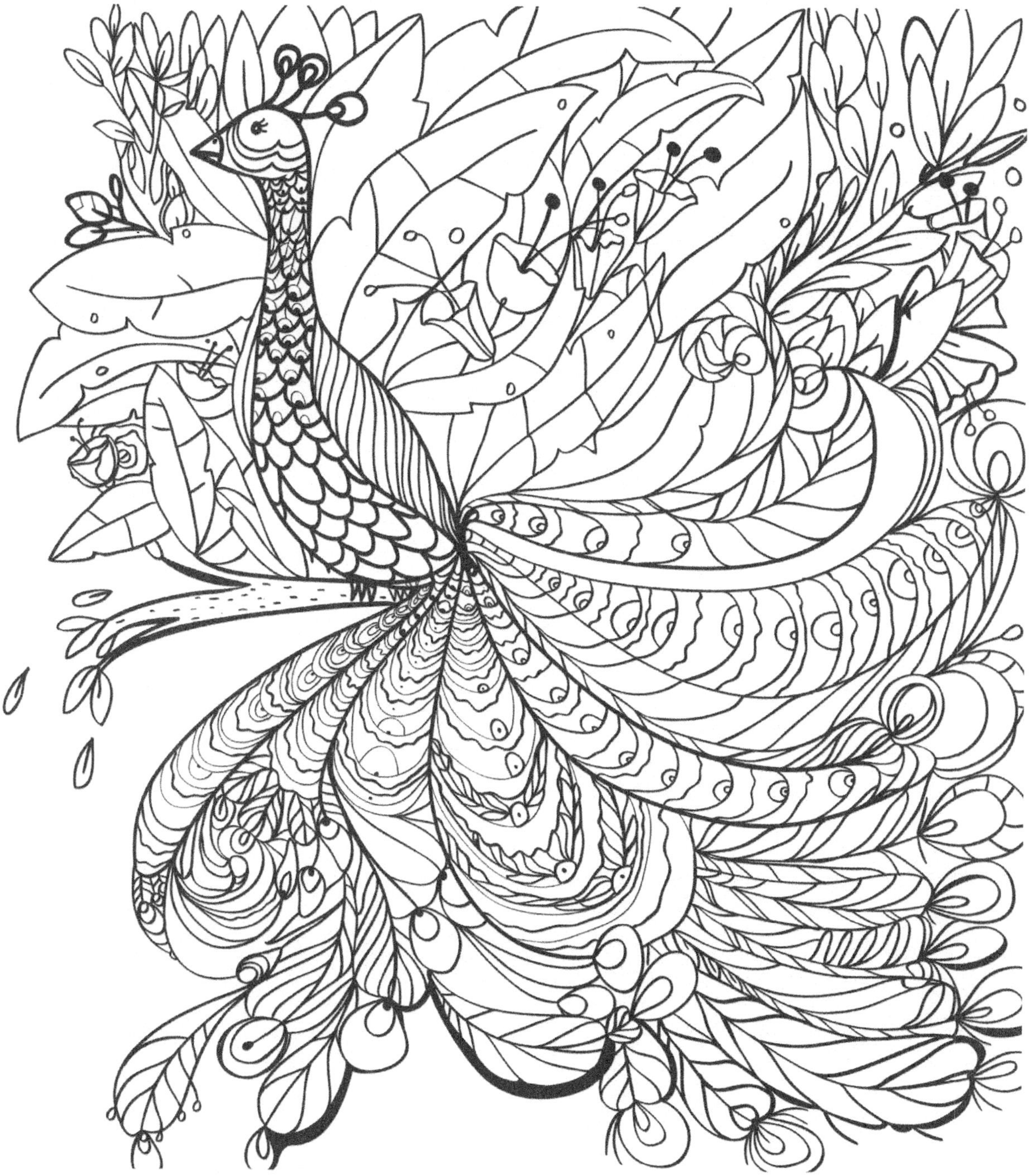

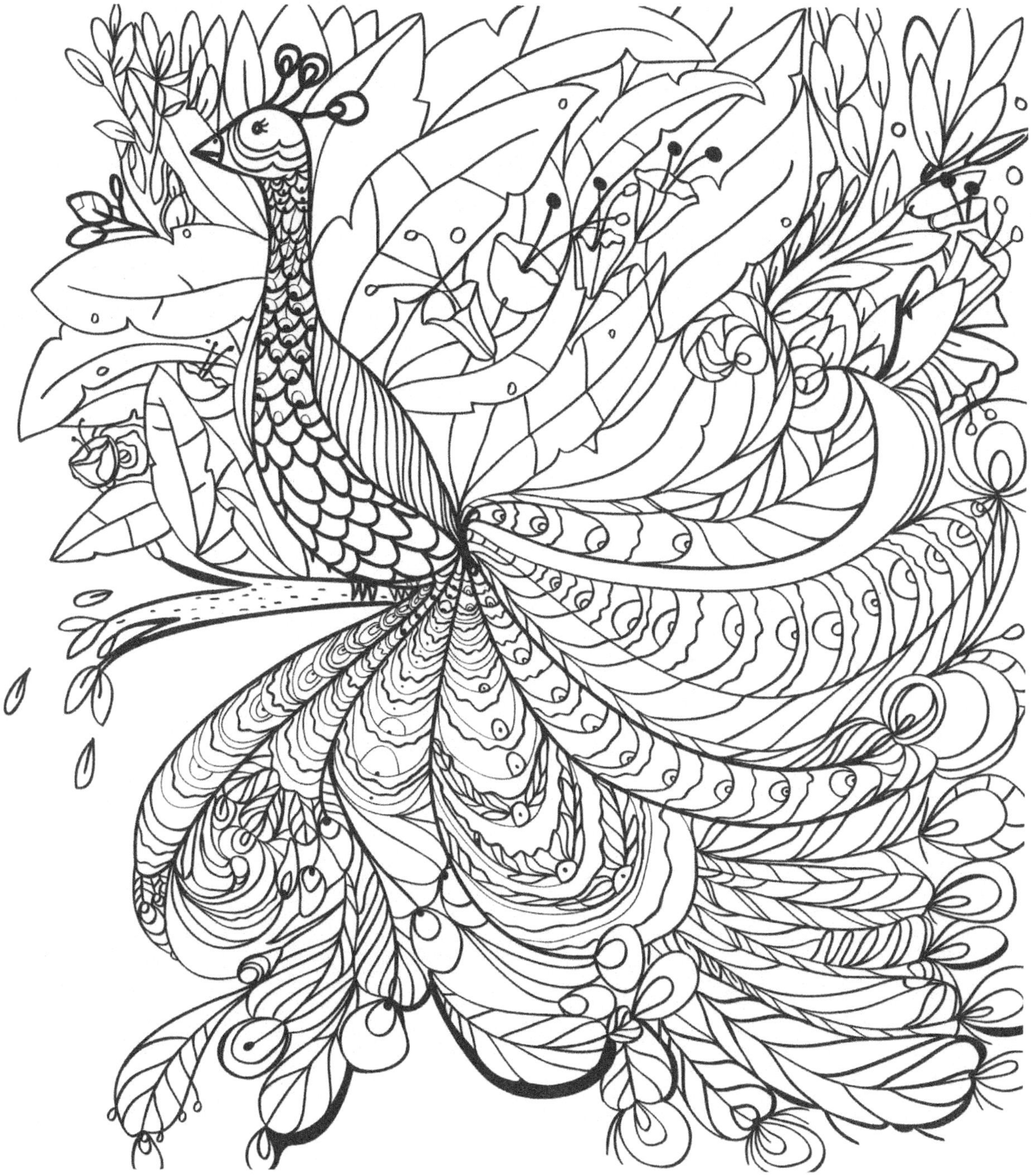

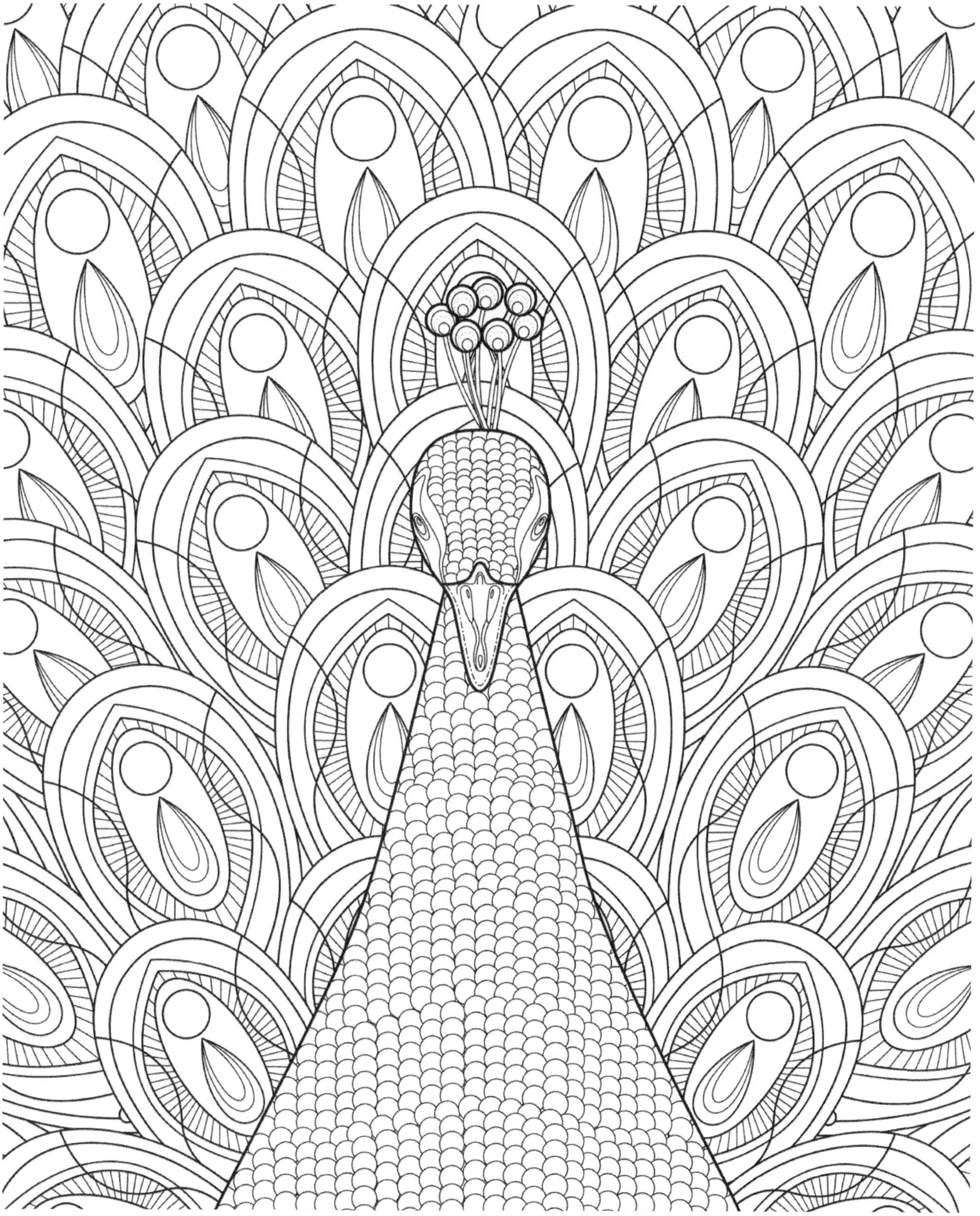

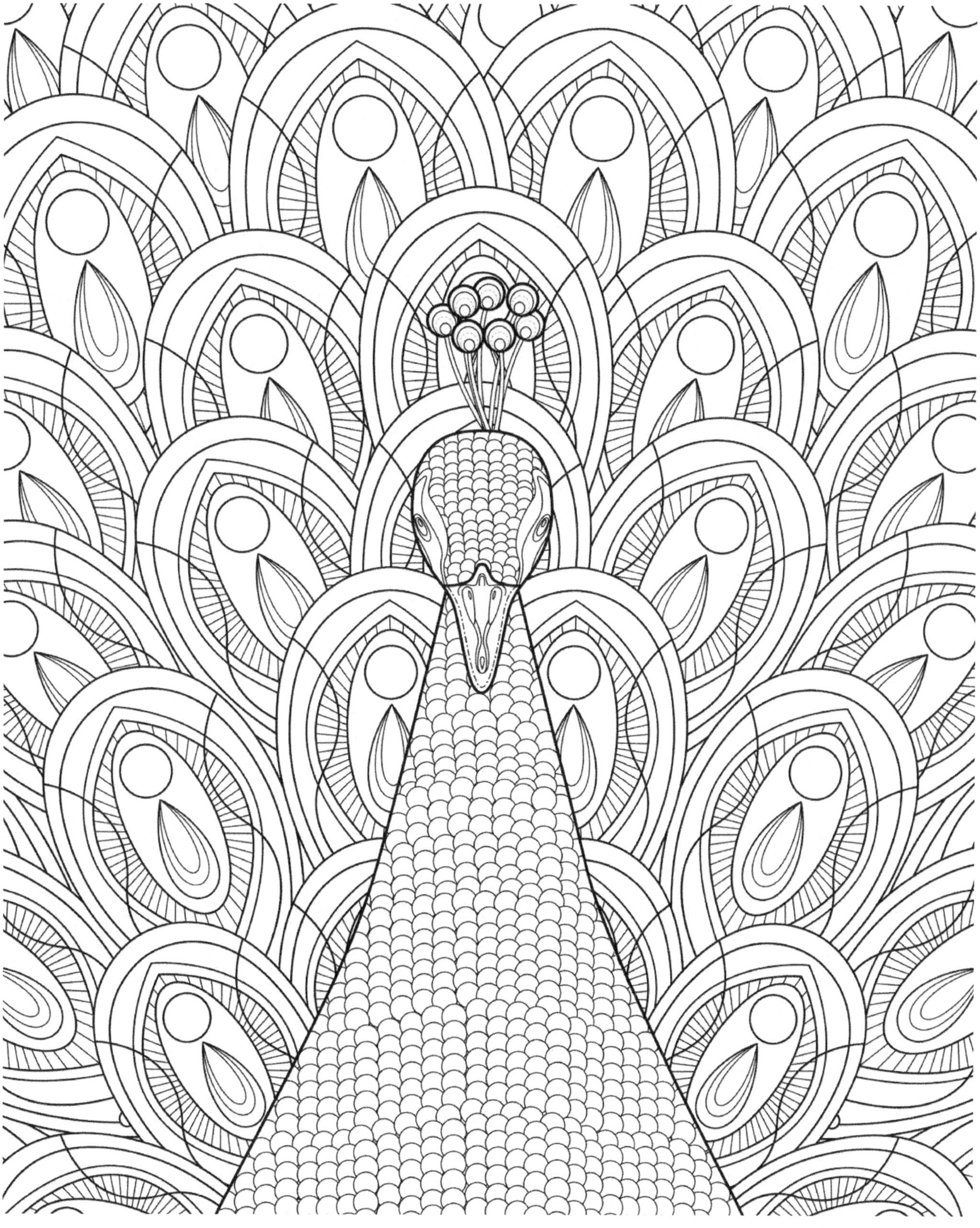

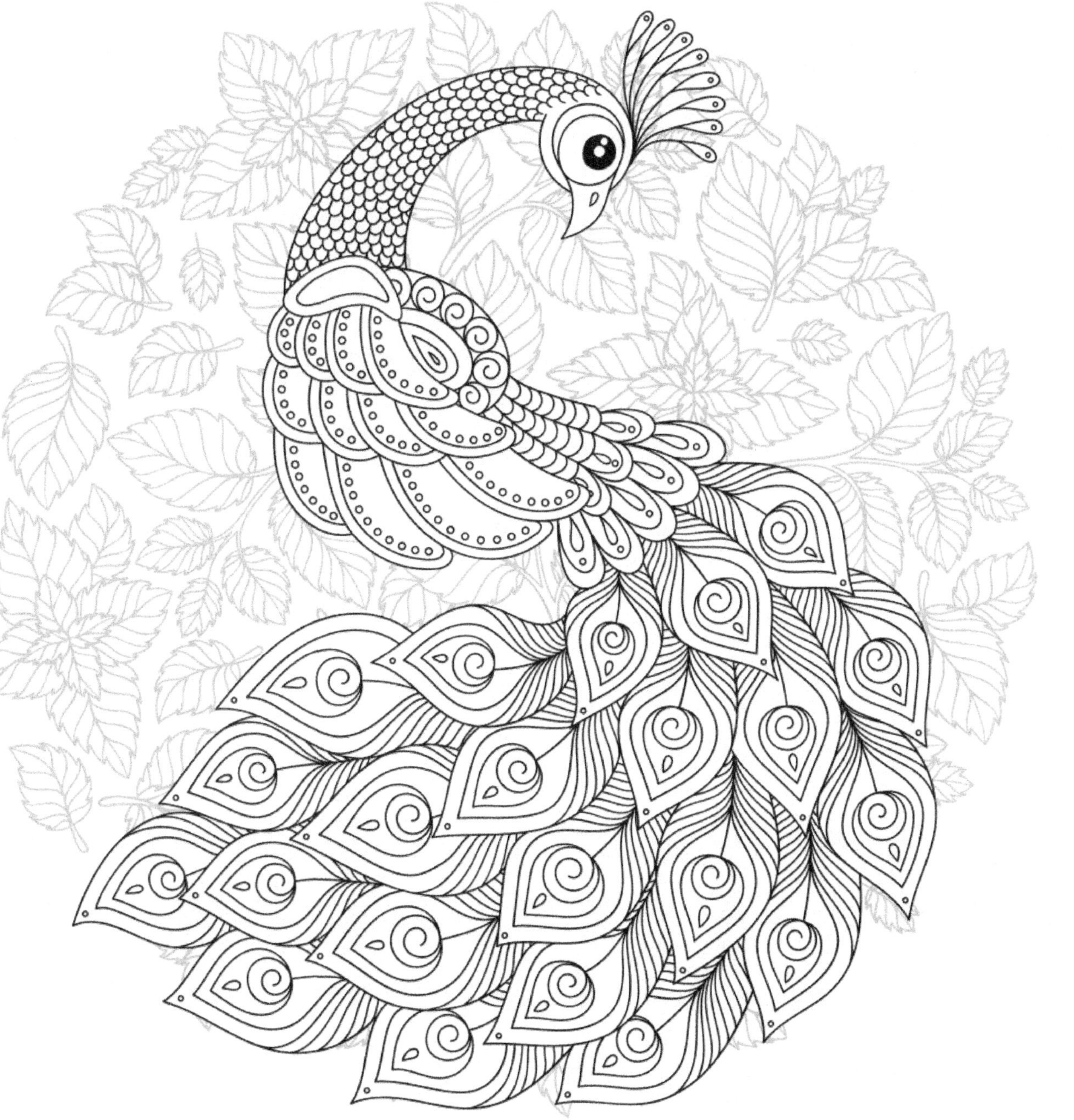

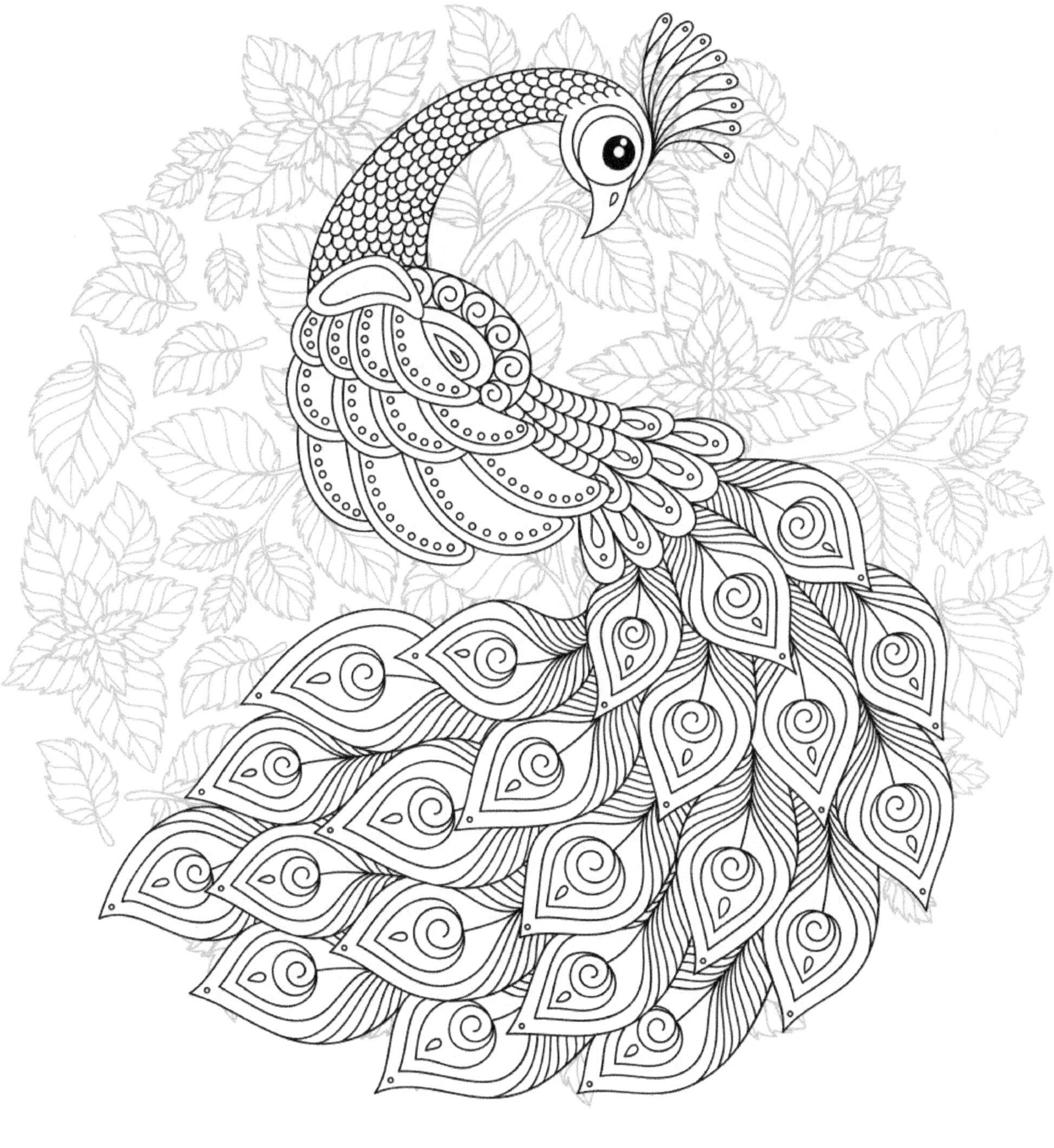

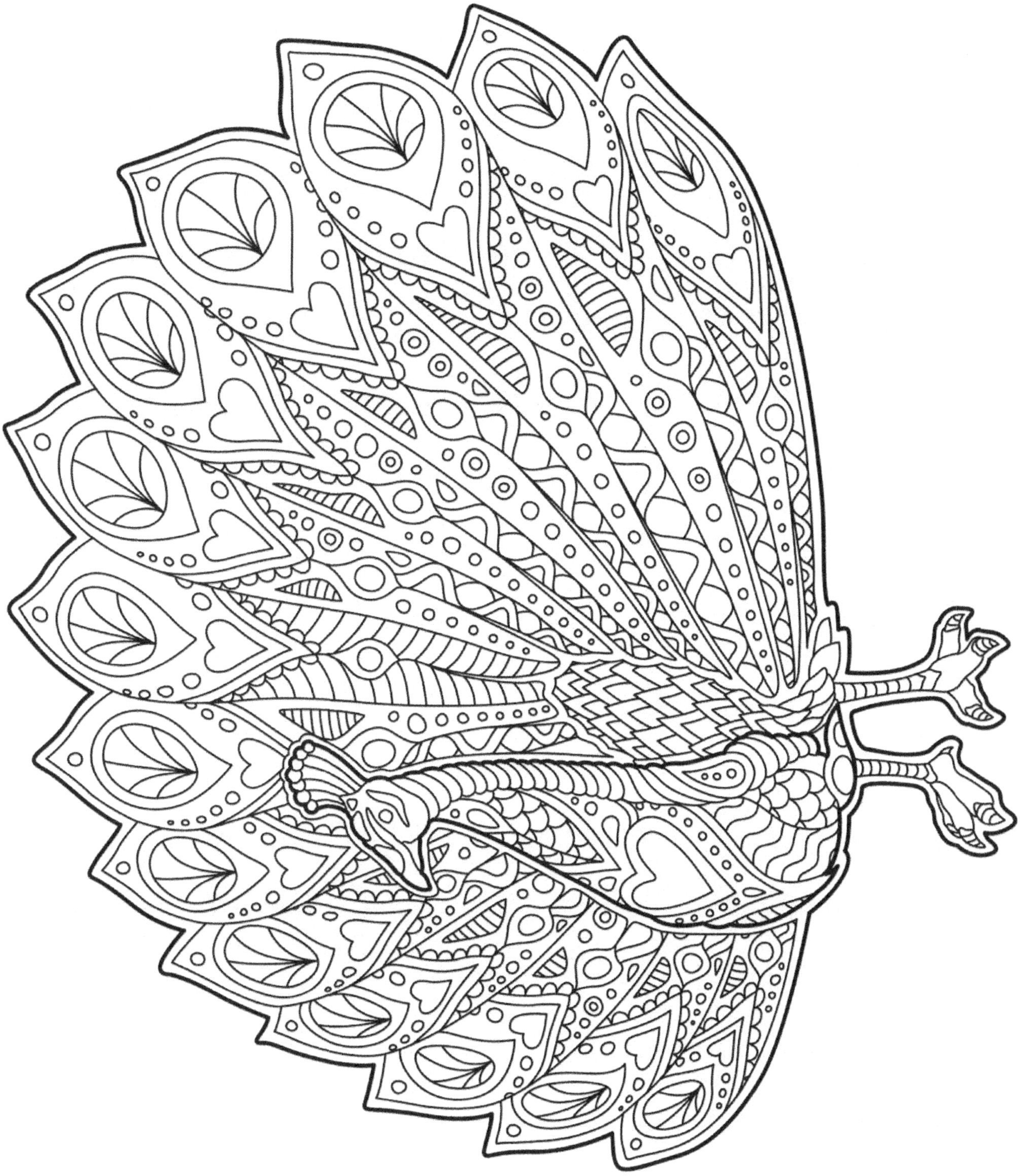

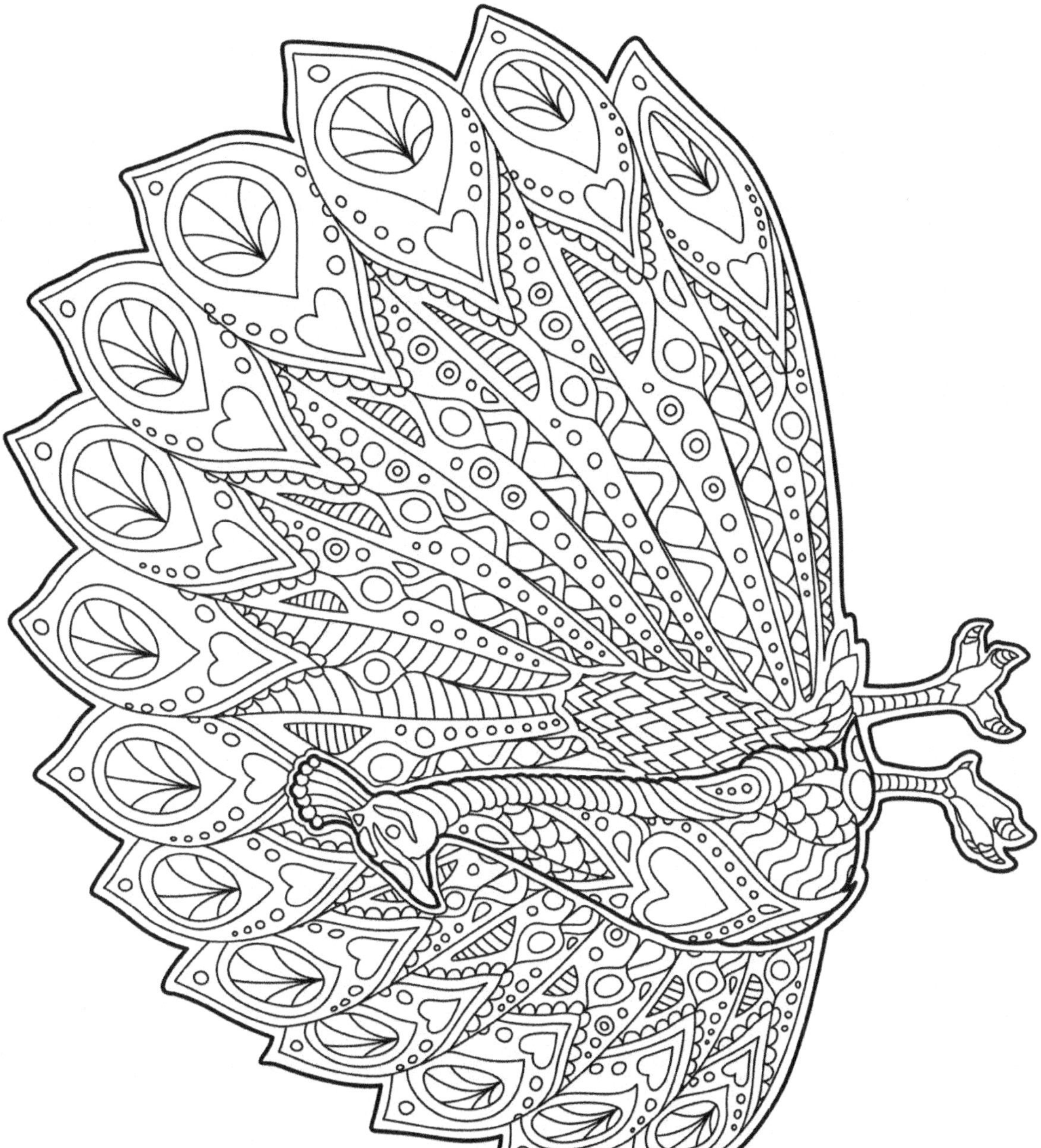

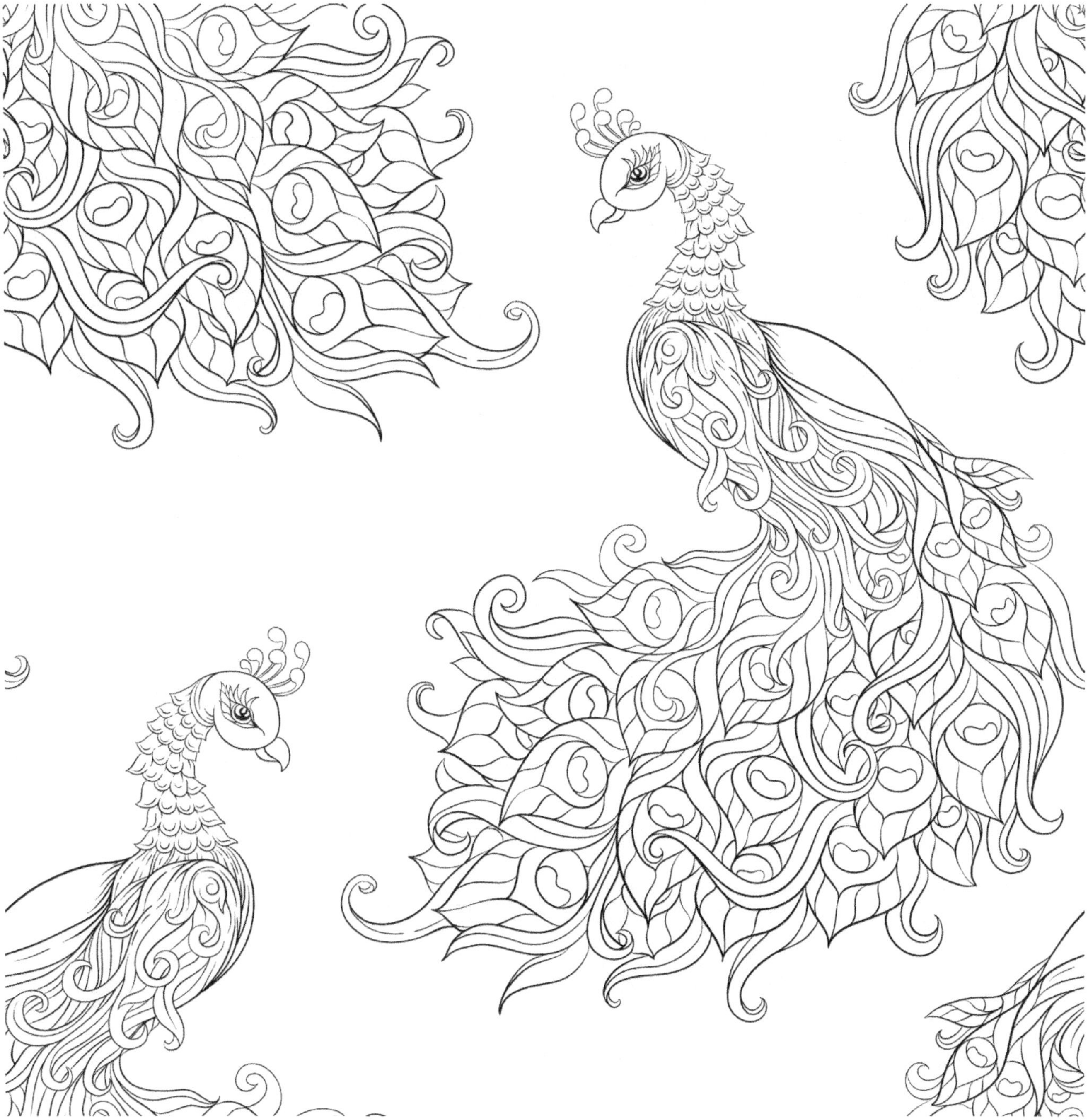

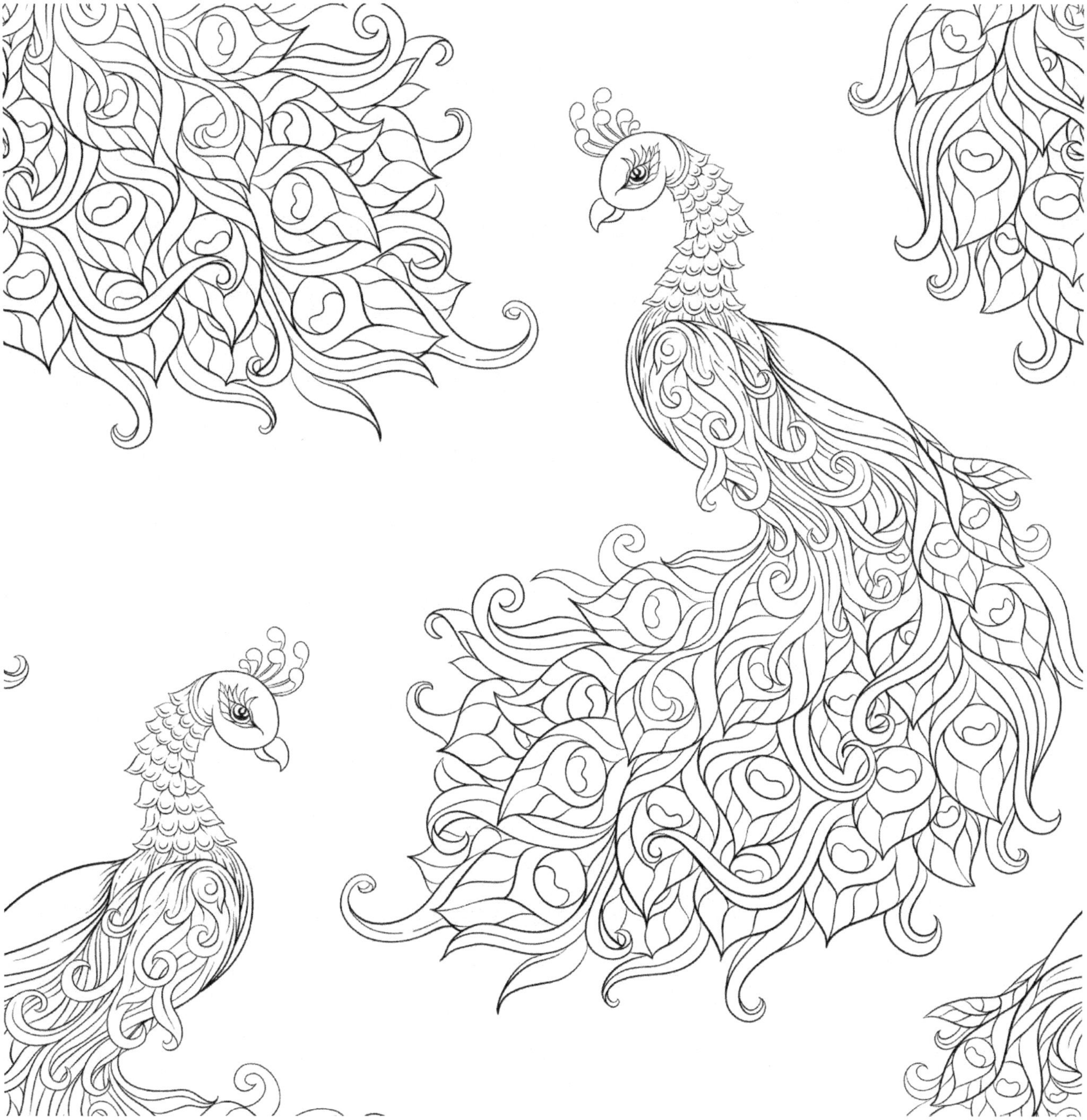

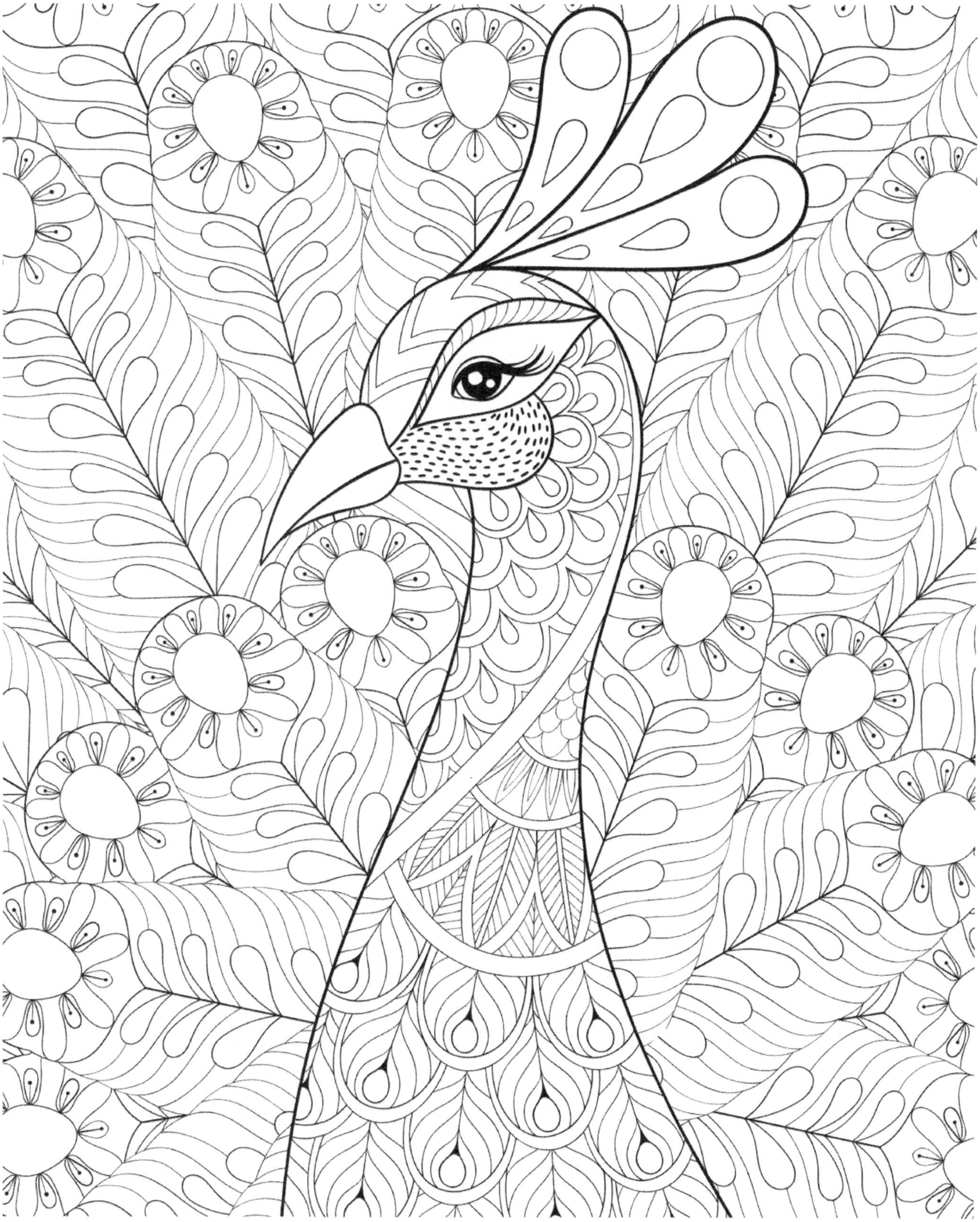

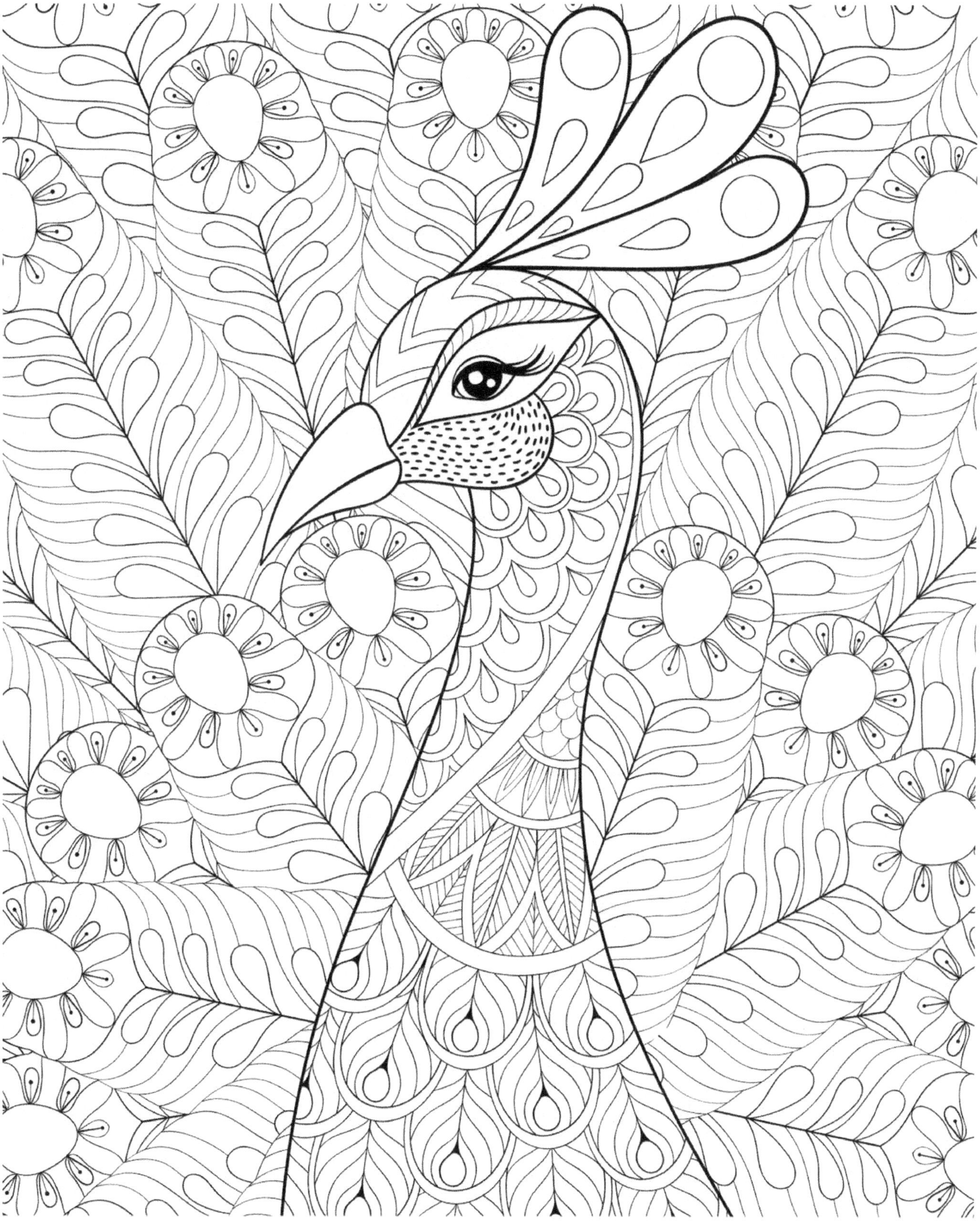

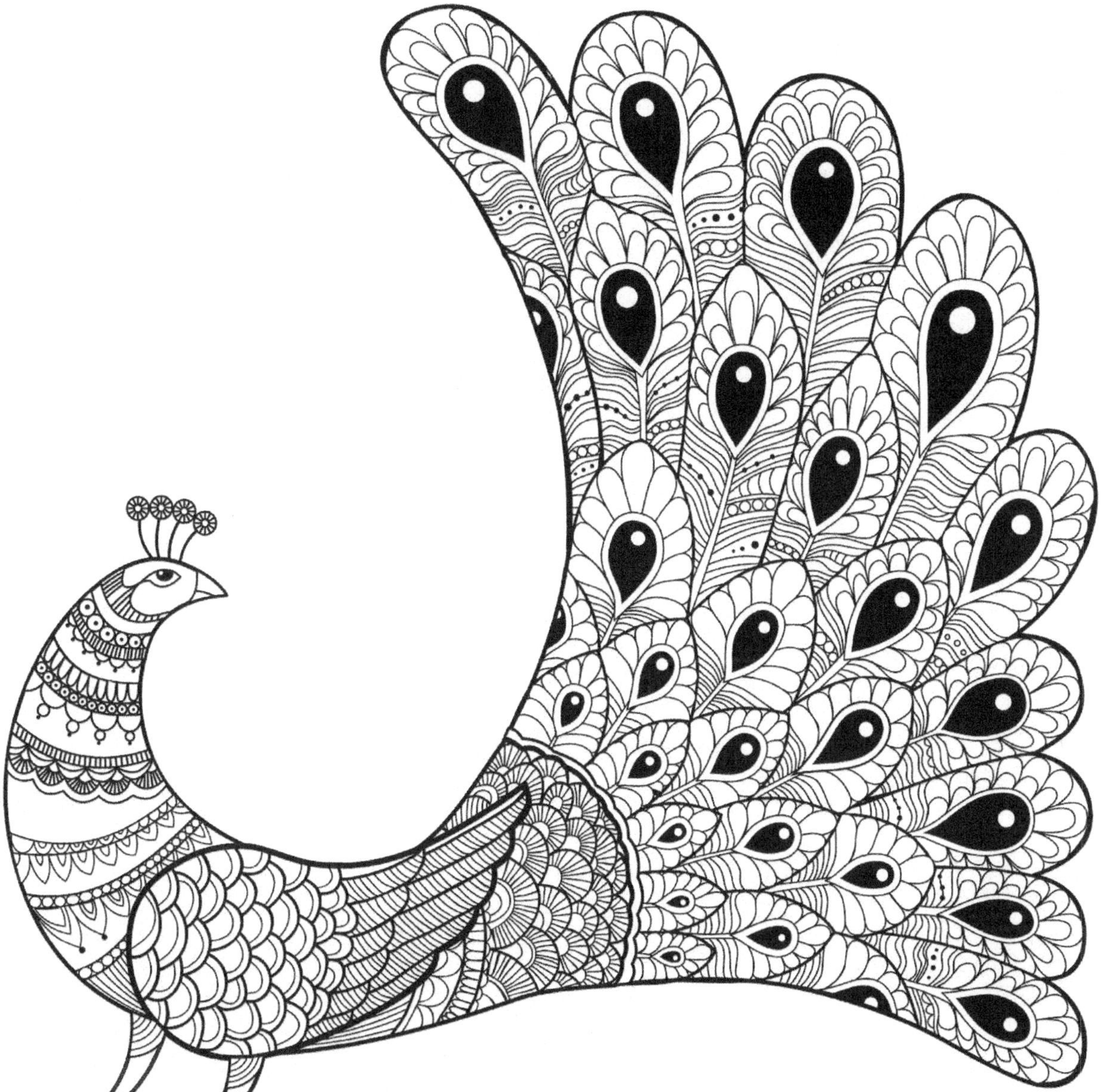

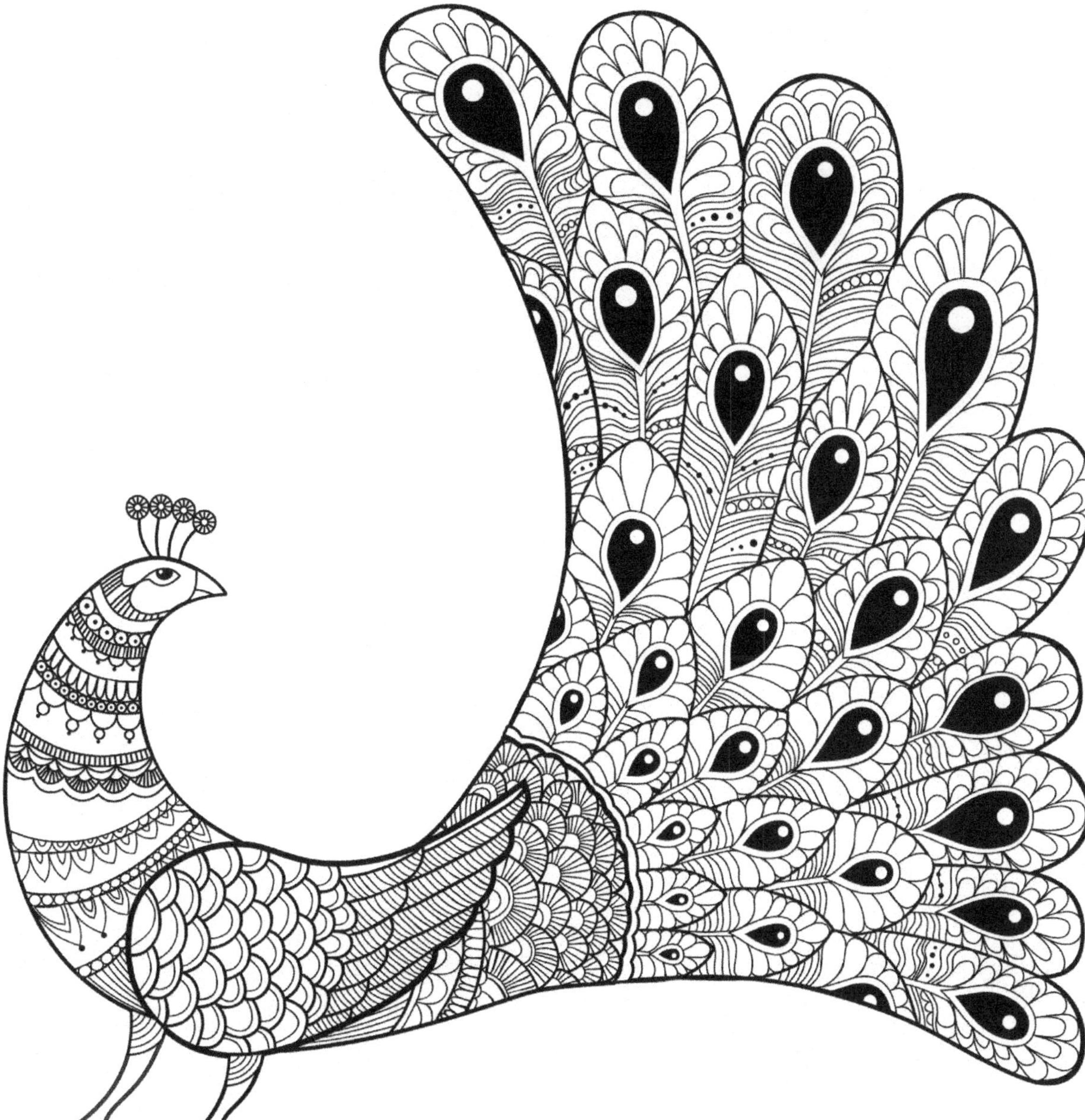

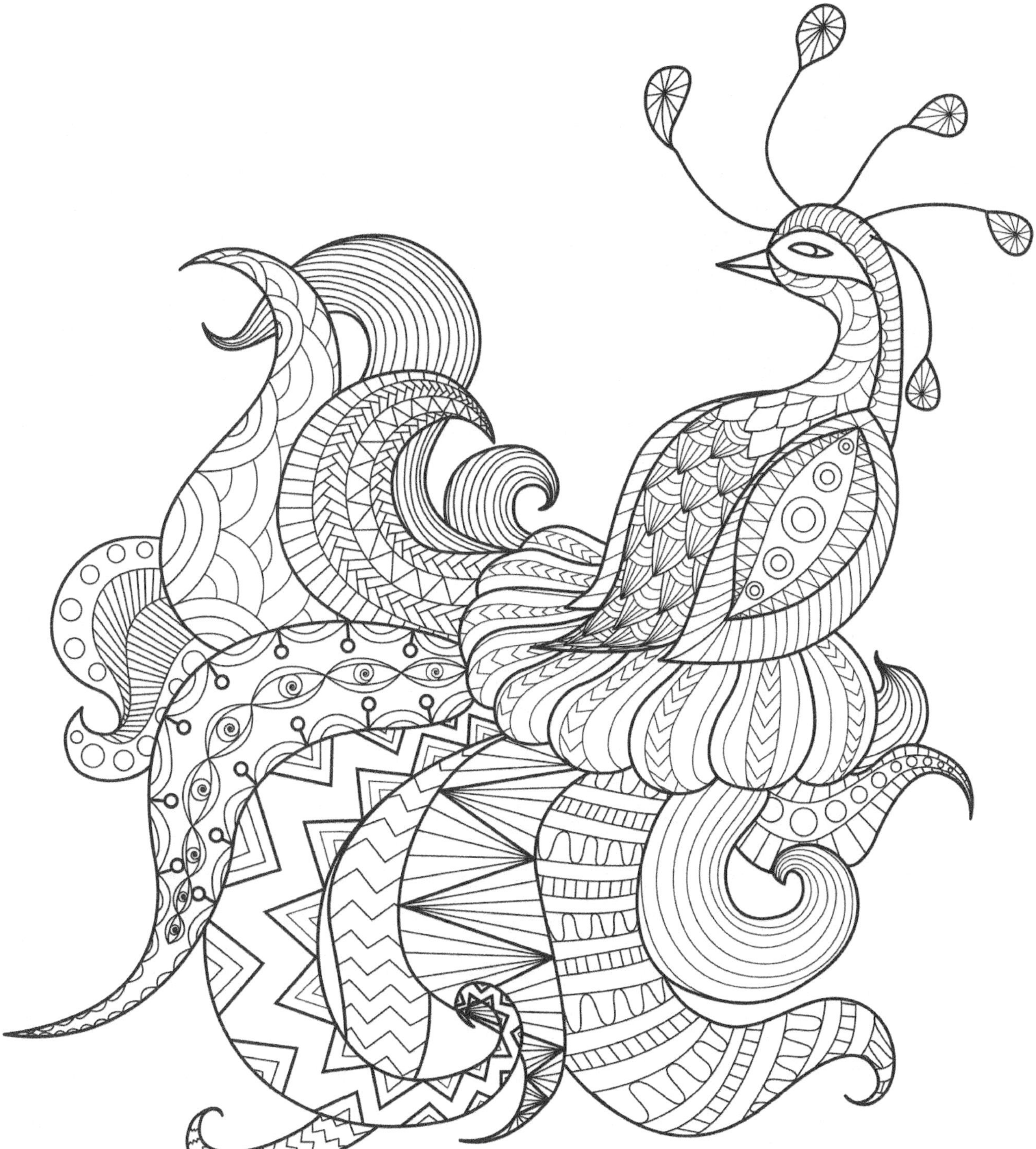

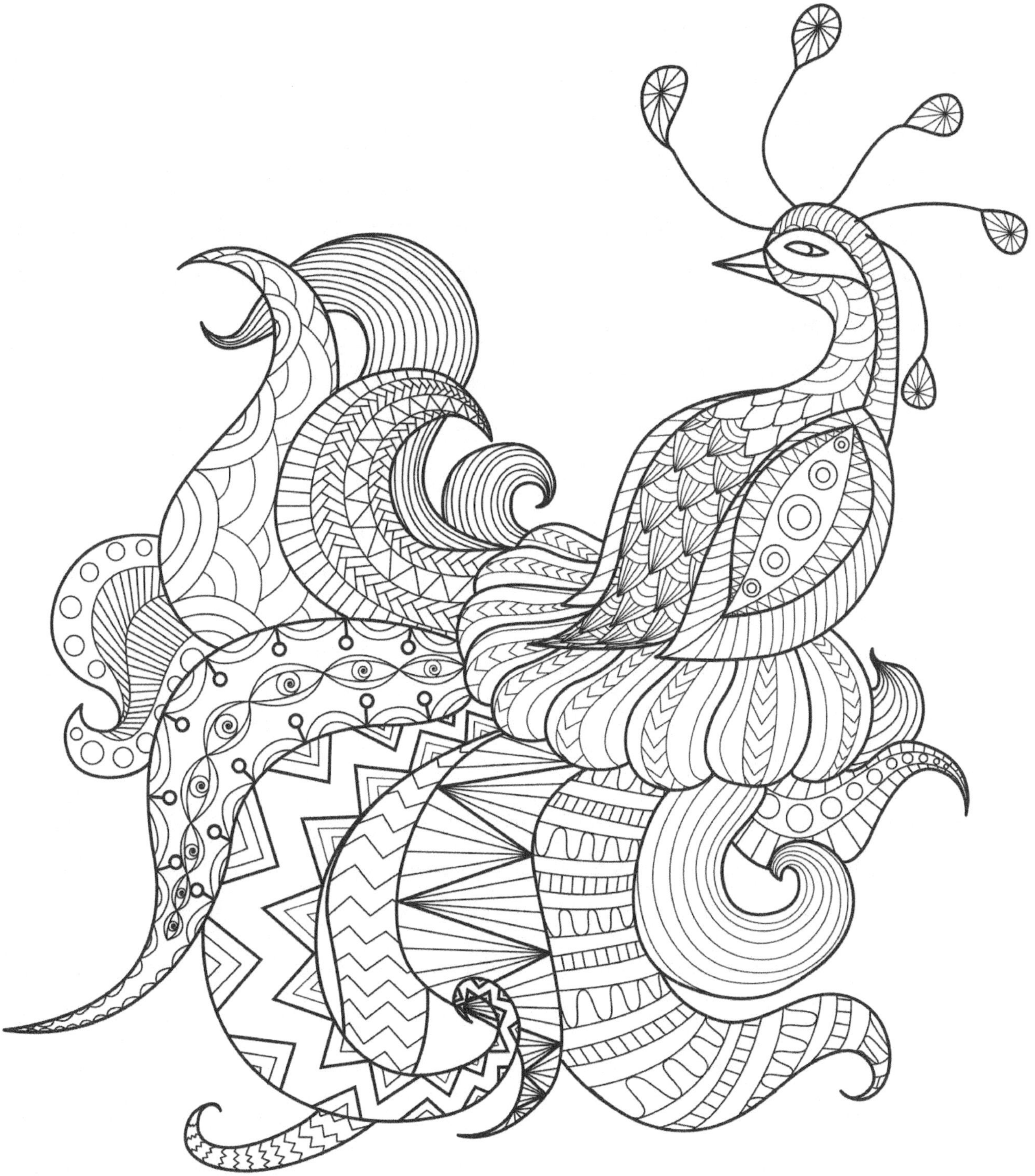

Made in the USA
Las Vegas, NV
14 January 2022

41403147R00046